Sweet & どくぜつ Collection

上海世纪文睿文化传播公司 出品

Sweet & どくぜつ Collection

沈嘉柯 著

那么一点点美好

世纪文景

世纪出版集团 上海人民出版社

写给你，和你内心的小孩

你还记得吗？小时候，当我们还是孩子的时候，会对着心爱的玩具、家里的小猫小狗等等，尽情倾吐心思。虽然它们不会说话，也不知道我们在说什么。这叫做拟人化。意思是，我们把它们当成人了。

长大需要指引么？

你一定会说，长大不需要指引，长大是我自己的事情……但结果呢？

我曾经写过"你的书架上有你中意的杂志和小说，你的抽屉里有爱听的CD，你的手机里有惦记着的朋友的号码……最重要的是，你的心里还有一个爱着的影子，那个人有着微笑如白昼的面孔，有着璀璨如夏天的眼睛……"

看过的书会教你关照他人的命运，听过的歌帮你度过忧伤的时期，有过的朋友让寂寞变成了逃窜开的老鼠……他们在你左右，最终还是指引了你。

你需要这些的时候，你的内心住着一个孩童。柔软的，还没有太大的力量，带着一些茫然和胆怯，瞪大了眼睛，尝试去理解一切。

没有你，和你内心的小孩，我失去了书写的对象。如果一个人喜欢自言自语，那么他不必成为一个作家，不必写出来。 你与我，在文字见证了彼此的存在。

你所在的这个世界，一直充满了失去、悲伤、告别和美好。但它们的比重却差距特别大。大多数时候，只有那么一点点美好。相比起夜空浩瀚的黑，星光或月光也是一样，只有那么一点点。可是，那么一点点美好，足以支撑你的生命找到属于你自己的意义。

你会受伤，你会保护自己，你会得到眼泪，也会得到笑容。你会舔到爱如蜂蜜一般的味道，你也会愤怒，那味道居然会变质。

无论如何，我希望你内心的小孩，学会勇敢。

比学会勇敢更加重要的是，我写给你的文字，更希望你学会温柔。勇敢是斗志，温柔是维持。

你不是在聆听我的说教，你只是在寻找解释的过程中，遇到了我。在我这里，你得不到不悲伤的秘方，也得不到不失去的绝招。你只是在相似的共鸣里，学会了和自己，和成长的孤独，和外在的世界温柔相待。

你看起来是在被我指引，就像一个魂器，但你日后渐渐融化我的经验，你始终还是你自己的。

时间不以任何意志为转移，继续下去。

树木丢掉了一整个秋季的落叶，然后来年换新；童年的乳牙脱落，唯一的恒牙长出来；灵魂的陶泥柔软未定型，直到真正进入火炉。

就这样，你内心的小孩，有一天长大了。

你准备好了吗？那就是你，有着清晰轮廓的你。

此致 祝安

沈嘉柯

P.S 特别感谢 莫时迁 对本书的友情图片支持。

Contents 目 录

Chapter
01

比我们先睡的人

　　前段时间看法国电影《不可触碰》，在一次跳伞运动事故后，菲利普，一位富有的贵族，头部以下都瘫痪了，就像一块冰冻的牛排，只能坐在轮椅上，生活无法自理，因此他找了黑人青年德瑞斯来家里帮佣。

　　这是一位生活在郊区的年轻人，刚从监狱出来。简单来说这是最不适合这份工作的人选。但是有钱人雇佣了德瑞斯，因为德瑞斯的言行举止，大大咧咧嘻嘻哈哈，根本不把菲利普的疾病当回事，这让菲利普不必总是活在同情怜悯中。这部电影在幽默笑闹中深情，在哀伤绝望中温暖，有很多动人的亮点细节。

　　然而我最印象深刻的一段却是雪夜里，菲利普犯病痉挛，是长年吃药抗肌肉萎缩的后遗症。呼吸艰难，满头是汗，痛苦得好似一个无助的幼儿。这时的德瑞斯飞快丢了正在抽的烟头，来到菲利普的房间。他其实也不知道怎么办，但是他尽量安抚菲利普，抱住菲利普的头，像一个父亲对待孩子那样。就这样，菲利普终于在比他年纪小很多的德瑞斯怀里平静下来。

　　这一段静静的画面，让我想起我曾读过的一个护士的故事，真的是太像了。那个护士的工作是照顾那些需要临终关怀的患者。她陪伴的病人一般都

是绝症病人，到了死亡的末期，痛苦不堪，无可救药也无可宽慰。有一个病人，就到了尽头前的最无可奈何时，职业手册上的指南，那些关爱手段都失效了。

那一次，她护理的病人痛苦得在床上哆嗦，她只能束手无策，语言已经无用。她也不知道如何是好，看着蜷曲可怜的病人，无限悲悯。后来，那个护士做了一个职业手册之外的行为，她爬上床，紧紧地抱住病人，很久之后，病人在她怀抱中，安静下来。连她自己都想不到，会有这个举动。

美国作家卡佛写过一篇叫《大教堂》的短篇，主人公家来了一个盲人朋友，盲人丧妻，远道而来探访死去妻子的亲属，顺便在小说里的"我"家借宿过夜。主客三人闲聊打发时间。事实上，他对这个盲人怀有疑防，因为他的妻子曾经跟一个军官有过一段无结果的恋情。他的妻子自杀没成功，后来将苦衷都倾诉给了那个盲人。当往事因为盲人的出现被翻出来重提，他感到不快。

后来，他们聊到了大教堂。盲人看不见这个世界，又怎么知道大教堂的真实模样呢？这个盲人承认的确不知道，提出由男主人来给他描述。可是无论男主人怎么形容比喻，都无法让大教堂的样子，真正出现在盲者的脑海里。最后盲客提出了一个建议，不如来画吧。盲人的手指骑在男主人的手背上，要求男主人闭上眼睛去画。盲人跟随着他的动作，在纸上，一起勾勒着大教堂的形状。渐渐地，男主人"觉得自己无拘无束，什么东西也包裹不住我了"。

因为他摆脱了口头描绘的艰难束缚，回到了事物本身的共同体察。李义山写"深知身在情常在"，我们的肉身，恰是最珍贵的存在，情感意识的传递

送出，一颦一笑，一个手势，一个动作，其实更加吻合我们的天性本能。身在，情在。人类痛苦之极时，言语会失效，拥抱亲吻，倚靠在肩头流泪，却可安抚备受折磨的心。

人在岁月渐长后天教化里，得到了口头语言和文字，有时候会忘记了身体的本能表达。舌头与喉咙的信息是我们魂灵的翅膀，也是我们心智的牢笼。耽于它们，反倒忽略了更加纯粹的"身体语言"。

电影名为《不可触碰》，实则人物身体触碰了。护士发自内在的悲悯，与病人身体接触了。小说里的男主人受困于言辞描述的无能，也借助于身体接触了。安抚身体和安抚心魂，本就是一体的。雪夜的安抚，临终时刻的全身拥抱，还有闭上眼睛手搭手一起绘画，是身体在抒情奏乐，是直接抵达我们内心世界的安魂曲。✦

许多年后，一个人静默看完《虫师》第六话的瞬间，熟悉的感觉，连绵涌来，仿佛黑暗里无法触碰到但始终源源不断的时间流逝。

村子里，有一种奇怪的人。朝夕衰老和恢复青春。他们被尊为能够治病救人的活神。成为活神的少女，其实是因为被一种虫寄生。长期寄生带来的是最后的死亡，病人好转，只是偶然的心理暗示。当少女被治疗痊愈以后，却选择了再度进食"露之吸群"。

为什么明明已经被救治，却偏偏要把自己投入毁损？为什么有那么爱她的情人，却仍然不能够阻止她？

"一天一天，一刻一刻，让人屏住呼吸的新，新得使人即使想要搞懂什么，也追赶不上。总把我心中填得很满。而现在，双足在眼前没有止境的时间前面萎缩不前。即使醒着，也只是等着到昨日为止的现实延续而已。"

虫的生命规律，与她身体的时钟融合，生物钟的层层光的涟漪波纹叠加。她的一天，是虫的一生。

黄昏衰老，清晨恢复，如此循环，光着脚坐在山顶之上安定地看着海面，在无尽的视野里，少女对时间的洪流充满畏惧。

015

"今天太阳也东升，而后西沉。早上开出的花，从花茎上落下；今天太阳也西沉，而后东升，河岸一侧，鲜花盛开，却是与昨日不同的花。"

生命如此悲哀，犹如欢天喜地的离别。带来这样的感觉的情节，在动画里，我见到过两次。在小说里，也见过一次。

那是小说快要结局的尾章，小龙女微微一笑后，说道，"这些雪花落下来，多么白，多么好看。过几天太阳出来，每一片雪花都变得无影无踪。等到明年冬天，又有许许多多雪花，只不过已不是今年这些雪花罢了。"

光阴交替，已经是不同的年岁。人，所有的人。物，所有的物，都改变了。

在夜的最深处，屏幕还在我眼前发光。守望了很多年的"冥王篇"动画版制作到星矢少年们进入极乐净土渐渐接近哈迪斯，对抗睡眠与死亡之神。如果不出意外，在你看见这篇小专栏的五月，极乐净土篇会播出新的二话。可我脑海里无法祛除的，是关于沙加的那一话，最接近神的沙加，处女座黄金圣斗士，以面颊贴近地面，回忆幼年六岁所见的悲哀。冈底斯河流浸泡着死尸，他祈求并且唯一一次流泪。他寻找答案，但没有解脱之道。

沙罗双树下，寂灭之前，沙加的慨叹是："花开，然后花落，星光闪耀，不知何时熄灭。这个地球，太阳，银河系，甚至整个宇宙也总会有消失的时候，人的生命和那些相比只不过是一瞬间吧，在那一瞬间中，人诞生，微笑，哭泣，战斗，伤害，喜悦，悲伤，憎恨谁，喜欢谁，所有的一切都是刹那间的邂逅，谁都不能逃脱死亡的长眠。"

那么符合寓意的故事设置。代表死亡的冥王的人间化身，正是极端柔弱如小受的少年"瞬"。这些顿悟体察的瞬间，在恒久不改的流失里，带来终将抵达的长眠。与此同时，也在我胸中涌起广袤而悲伤的宁静。◆

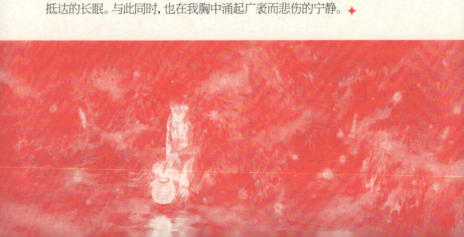

面具控

第一个面具控。

电影里，女主角是大漠里漂亮的老板娘，有一家客栈。经过关口的客人，难免都在她那里居住。这个老板娘白天很泼辣很肆无忌惮很豪爽笑骂打闹应付三教九流的人物。但是，她的房间里却藏有几个娃娃脸谱的小面具。哭着的，笑着的，还有忧伤的。难过的时候，她就拿出来看着。

第二个面具控。

有一次在图书城门口，李阳，就是那个凭借疯狂英语大红并且赚了好多好多钱开了大公司的李阳。在做演讲。

他激情澎湃号召：同学们，抬起你们的爪子来，学好英语一定要开口喊，大家跟我一起喊……于是大家跟着他热情大喊。

那个时候我站在侧面的角度，看着无数张青春面孔激动起来。然后，我看见李阳忽然转过头，他居然捂嘴在偷笑。就是那么一瞬间，我还以为我看错了呢！结果他在整个场面沸腾时，仍然转头偷笑了至少四次。我真想告诉每个台下的人，喂，你们面前那个充满魅力的教疯狂英语的大叔，戴了好大一张面具，他自己恐怕都未必相信他那一套吧！

当时人很多很强大，我胆小，不想被群殴，没有模仿《皇帝的新衣》里的

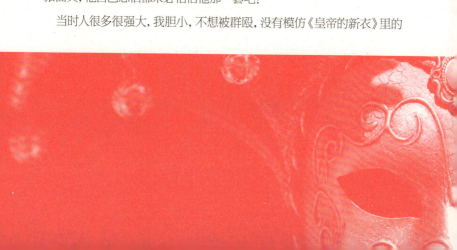

小男孩。现在写出来。比较安全。

第三个面具控，有一年，长安城上元佳节，整条长街灯火明媚。偷偷逃出宫殿的小公主，欢快地穿行在街道上。她好快活，因为第一次见到真实的人间，比森冷严肃的大明宫要好玩热闹无数倍。玩耍中她撞到了一个高大的路人，她揭下了那人的昆仑奴面具。面具下是最明媚的男子面孔。那么俊美，整个世界也无法匹敌。但这却是一个悲剧。她喜欢上了他，他却已有妻子。她凭借母亲，中国唯一的女皇帝的力量，抢夺到了他，间接逼迫死了他的妻子，并且，永远得不到他的心。他也死了。她常常梦见那张面具。

很多时候，有个家伙对着镜子，对着空气，对着一些人，都在微笑。可是，假如你凑近而来，近到，可以察觉他的呼吸气息的距离，会看见他眼睛里的忧伤。他喜欢的，充满热情的，总是积极的搭讪主动的回音，或者干脆面无表情耍任性。

工作不开心，和讨厌的人打交道，看不惯的恶劣——没有办法的时候，只有拿出微笑，伪装友好。这，是第四个面具控。微笑是他的面具。

我那个时代的童话大王郑渊洁写了个故事叫《魔方大厦》。男生皮皮鲁闯到一个城市，每个人都戴着面具，后来皮皮鲁自己也被戴上了面具。结果取下面具的方法就是嘴里喊"真诚的力量"，并且往对方头上一拨，那面具就掉了。喂，你会不会觉得那台词真够教科书，很是囧。童话里才有那样的台词吧。

每个面具控，其实都很爱他的面具。

因为我们会长大，没办法永远活在童话里。◆

深夜的手语

看过一个日剧，叫《你令爱了不起》。说的是在东京，一个英俊的男人，爱上了一个聋哑的女孩。男人追求女孩，可女孩活在自卑里太久了，因此不敢接受这样热烈的爱。有一天深夜下班，男人关心女孩，尾随护送她。女孩过了马路，回过头来打手势让他别跟着了。男人停下脚步，对着她打手势，原来他特意去学了手语。

男人比画"我爱你"的手语，于是，夜色里他们隔着车来车往的灯光，留意对方的动作，交换了心意。那动作，像是最优美的舞。

他们不提防，旁边的一个女同事瞧见了这一幕，感动了，面上那笑容，比爱情当中的人还要幸福。

他们的爱情，美好到旁人也充满满心幸福感。

还有个故事，是听来的。具体发生在哪个城市里，已经不可考证。所以，欢迎提供线索，欢迎对号入座。

有一个年轻的男孩，在一个晴朗的天，去上班，会经过一所学校。大约是在周末吧，他遇见一个短头发的女孩，他就动心了。男孩心想，这就是一见钟情么？

可惜，一时间他们走错散了。他第二天继续等待，发现女孩走进了一个小区的第十七栋楼。他进不去，不知道女孩究竟住在哪一个门牌号码下。

于是，在某个清晨，这个小区的第十七栋楼下的信报箱，每一户的上面都斜插了一朵玫瑰。一共一百一十八家，就插满了一百一十八朵。

玫瑰上绑着简短的手书：你是那个短头发，穿点缀有云朵的深蓝色牛仔裤子的女孩吗？我的电话是134……如果你不是，玫瑰也送给你，请你带回家去吧。

人与人生活在一起，有些美好，连带陌生人，也有幸沾染。

这样的爱情本来是别人的，与我们没有一点关系，但发生在世界上，我们会觉得自己也是幸福的。

那个阳光在露珠上跳舞的清晨，弥漫的玫瑰花香，你是不是也可以嗅到？那个夜晚的道路两边的优美如舞的手语，你是不是也可以看见？

那么，现在请你温柔地告诉我，你有没有一点点沉醉？关于这个城市里发生的恋爱，我确定这算是最美好的爱情故事之一。◆

在世界上做安娜

外国诗人安娜的一首短诗说得非常好: 我生来只为 / 而且长大只为 / 在世上做安娜。

很多年前, 一个读者去拜访作家三毛。"我是你的读者, 从英国来的, 特别来看望你。" 结果三毛虽然招待了他, 却根本不是书当中的那样。他有些结巴, 感到委屈了, 始终后悔自己的多事。这种一霎间涌上来的巨大冲击只因为三毛没有热切地迎接他, 三毛原来不是想象中那样, 而是表现得比较淡然。这是三毛吗? 这是三毛。

他很难过, 直到最后, 他忽然醒悟: 毕竟我是一个贸然闯入她生活中的陌生访客, 对于三毛, 我又能如何要求她真情流露呢?

怎样成为自己? 在世界上, 你为了多少无谓的人, 浪费了你宝贵的生命。《怎样证明彼此拥有》的书说: "一些想成为自己的人通常能做到这一点。看上去也许会有点冷酷, 有点自私, 有点不尽人情, 或者感情用事, 但是想一想我们第一次见到第一次听他讲话就觉得无聊至极的那些人吧。我们为什么要把生命花费在这些人的身上呢? 哪怕是听他多说一句话。我们要坚守自己, 哪怕是伤害了那个可能本质不坏的人。他或者会递给你名片, 统统地、毫不

犹豫地当即丢进垃圾箱，因为你确信你不再会同他交往。"

"即或他不是行尸走肉，他只是有点夸夸其谈他的举止让你感觉上不舒服；再即或他是有思想的，只是他的思想不对你的胃口，你也依然可以干脆扭转头。为了避免无聊，你可能会得罪人。你还可能被认为是一个实用主义者是那种自私的急功近利的人。"那又何妨？标准只有一个，那就是时间和意义的等式。

这段话是如此之好，说出我们内心的难堪。就因为这被点破的警惕，我们才不应该辜负上天赐予的唯一的生命。你有安娜那样的决心与原则吗？我们生来，首先就要确保自己独一无二的生命价值。这就是全部的答案。

我不再轻易地涉入别人的生活，因为别人不喜欢打扰。我自己也一样。因为我也不喜欢打扰。当我们共同内心喜悦心甘情愿的时候，我们在一起。当我们彼此有自己的生活时，那么点下头，微笑一下，各自走开。✦

　　小时候吃晚饭也惦记着看电视，抱着饭碗冲到屏幕前，地面上拱出一堆黑色泥巴，一只可爱的黑皮肤白肚皮的小家伙就钻出来，冲你打招呼，目不转睛津津有味。

　　长大以后发现没那么简单，这只鼹鼠其实是个生活家，很有趣味的手工热爱者。它友善爱交朋友，坐火箭流落到岛屿上，就跟螃蟹当了朋友，齐心协力修好火箭回家去。它想要有条工装裤，它就靠一群朋友们帮忙，种植亚麻啦，纺线织布啦，自己动手，做出自己的工装裤。这只鼹鼠会园艺会开车会给狮子拔虫牙。如果照现在的动漫形容词来说，鼹鼠极可爱，极"萌"。

　　这只小鼹鼠很像一个在良好的现代工业文明当中熏陶成长的小男孩，有了问题团结朋友去解决，动手能力强，火箭、飞船、园艺、驾车、样样都会，同时也享受自然界草地森林花园的生活。与人类与动物们与植物们相处，纵然有误解和矛盾，也一定是用温和幽默的态度朝着和平共处的方向努力，这是恒久不变的光明与爱的品格。即便是表达难过，也仍然是哀而不伤。

　　《鼹鼠的故事》基本上没什么对白，也不追求热血战斗和复杂曲折的故事，可是常常让人看着看着，有一种含泪微笑的触动。还有一点就是，在所有的故事里，这只鼹鼠，都是独自去面对所有事情的。它像一个孤独的少年，朋友虽然常在身边，却不见它的家人。

作品里的角色，总有作者的心灵投影，与之对应的捷克艺术家、插图画家和电影导演兹德涅克·米勒，想必也有一颗温柔的心。在他三十五岁的那年，一个除夕之夜，他在出生地附近散步时，获得灵感，在他的画笔下，小鼹鼠的生活与行为，充满了诗意的抒情。

2011年的11月30日下午，这个老人以九十岁高龄，在捷克首都布拉格附近的一家疗养院中去世。

看到这个消息的时候，我有一种当他离去，世界又自结束中重新开始的感怀。鼹鼠的存在与万千读者观众融合，早已经沉淀为记忆之一而不朽。从他的灵魂中诞生的，也将进入我们的灵魂。

就是那一只鼹鼠，在我们童年看的电视里，突然冒出来，发出咯咯的欢快笑声，跟大家打招呼。

也是这只鼹鼠，许多年后，偶然间也会从我们的记忆里跳出来，露着牙齿，充满笑容。察觉那种积极的笑容，令我们会心微笑。曾经陪伴我们温暖而美好地长大。

还是这只鼹鼠，谢谢你来到这个世界上，以及带你来这个世界的兹德涅克·米勒。◆

小心机

2009年的诺贝尔文学奖得主赫塔·米勒有一本小说叫《心兽》，这本小说有一篇很漫长的自序。序言的开头，她写了一件出现在她生命中，让她耿耿于怀的小东西。

幼年的她每次清早出门，总是忘记携带自己的手绢。然后，母亲会喊住她，提醒她："米勒，你又不记得带上手绢了。"然后她才心满意足地去上学。

忘记，提醒，日复一日，周而复始形成某种规律，伴随她的童年。其实，她是故意忘记带的，因为这样就可以获得一种微妙的证明。

一个真正的母亲，总会细致入微地照顾子女。为了反复体验这种母亲之爱，她才不断"忘记"手绢，唤起母亲的提醒。母亲的关怀，就蕴含在手绢中。

读到手绢的故事时，是在一个南方城市的朋友家。那个下午，我一瞬间想起另外一个小孩子，只不过，这个小孩子是漫画里的人物，他叫野原新之助。小新每次回家，总爱冲妈妈说："偶嘎桑，你回来啦！"这个时候他的妈妈总会纠正他，小新，你应该说"我回来啦"。小新总会露出大为震惊的神

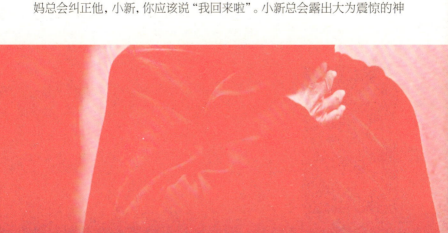

情，再感叹一句"偶噶桑"。

一度我以为，小新的这个习惯是一个顽童的恶作剧，漫画家也只是表达小新的特别逗乐，描述跟妈妈之间的瞎胡闹。但当我融会贯通不同作品里的类似场景，我便完全理解了那种非常隐蔽，潜在海底的心情，我忍不住含泪微笑了。

这算是小孩子的秘密小心机吗？或许是。大部分的人恐怕都有过这种行为，尽管自己都不是很明白，内心深层次的动机。为了获得被爱的感受，运用在日常生活中。我们的心是最饥渴的动物，执著于寻觅爱意，以爱为食物，甚至主动制造，扩大生产，再吃下去，才能够饱足平静。

渐渐小女孩长大了，总有一天也会成为母亲。我不知道女作家赫塔·米勒是否有女儿，我只能默默地猜想：有一天，她的孩子也做出这样的小心机，她必定万分洞悉这种自己曾有过的想法，温柔地与孩子配合吧！

我甚至还推测下去，这母亲固然洞悉秘密，却一定秘而不宣。无声无息，潜行默动，如同不为人知的天体运行一般。

于是，小心机的境界又为之一跃，进入更柔软普遍的庞大境地。

我们活在这个世界上，此种小心机，令我们变得沉静温柔，仿佛穷尽孤独时遇见汹涌人群而倍感欣慰，寒风中忍耐饥肠辘辘接过一大杯热可可，长途列车抵达终点站时两脚终于站稳于站台。请务必牢记住这类小心机，生生代代私相传授。✦

　　美国电影要是有续集的话，通常有个套路。第一部是战胜外在的敌人，战胜大魔王，打败强大的对手，英雄光荣赢得世界。比如《钢铁侠》比如《黑客帝国》的尼奥。但是有计划进入第二部，主角所面对的真正的敌人，一定不是那些新对手。《钢铁侠》的第二部里，钢铁侠要面对的是，他的能力也是他的宿命，放射性元素使他飞天遁地，也要他的命。他要选择做一个拯救世界的英雄，还是有爱即可平凡安在。而救世主尼奥发现，他似乎不是什么真正的救世主，他只是一段用于升级系统的程序。他必须接受这一点，回归最朴素的使命，平衡系统，重启系统。

　　嗯，不过我要说的，不是这两部电影，而是《哈利·波特》大结局。

　　主角，寄托了光明与希望的唯一主角，以他的名字命名小说和电影的哈利·波特，自身就是伏地魔的一部分，就是伏地魔的一个魂器。

　　伏地魔杀死了哈利·波特，就是杀死了自己，才能够完结一切。

　　为了结束对手而诞生，对手就是你自己。

　　看起来，每个人都需要一个对手。

　　哈利·波特的对手，是伏地魔。伏地魔的对手，是死亡，所以故事里要跟

死神打赌, 三件宝贝里最有意义的, 是隐身衣, 逃脱了死神的追踪。

死神的对手呢?

好吧, 回到了那个最庸俗的说法, 死神的对手是爱。遗憾的是, 爱打不赢死神, 不管你爱不爱, 都没下辈子, 我们都是要死的。香港电台主持人梁继璋给儿子写信, 下辈子, 无论爱与不爱, 都不会再见。这话很坦诚, 实在。

世人为斯内普流泪, 我也为他流泪。然而, 斯内普求仁得仁, 他如果换成琼瑶腔台词, 一定会说, 我不后悔爱上哈利他妈咪, 我愿意护卫所爱的女人, 和这女人的孩子, 即便这孩子不是自己的。斯内普的对手, 则是 "爱"。于是, 他选择了无间道, 在伏地魔身边待着, 推动命运指向他要捍卫的结局。

而校长邓布利多, 也选择了牺牲, 他为了自身的职责。

所以, 重要的不是选择什么对手。选来选去, 对手都是我们自身的一部分。爱、破坏、恐惧、职责、死亡, 都是我们自身的一部分。你有所领悟了没? 如果有。你, 这一刻, 就成为了我的魂器。

现在回头去看小时候迷恋的所有作品, 最开始吸引我的, 都是打得精彩, 故事热烈。

可是, 讲故事的人, 写小说的人, 包括我这个开专栏的人, 都是别有企图的。

故事讲完了, 你看爽了, 怎么好像咯噔一下, 在你心里留下了什么?

——我们, 在你这个容器里, 留下了我们的一部分灵魂呀(我们创作者的体验、经历、悲喜)。

你必须成为我们的魂器, 一路辛苦修炼, 你才能够将来剔除掉或融化我们, 锻炼培育出自己的灵魂, 在容器里主要装载自己的灵魂。哈利·波特

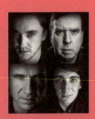

之所以成为独一无二的哈利·波特，正因为他是伏地魔的魂器。某种意义上说，伏地魔，是哈利·波特全面成长的引子。

我今日之文字，刺激你，灌输你，攻击你，诱惑你，感动你，是为了未来，请你成长后剔除我，融化我，尽皆化成你自己。

你好，我的魂器，我衷心祝你早日剔除或融化我的那一部分灵魂。✦

男孩的眼泪

我很喜欢那部日剧《My Boss My Hero》。中文意思是，我的老大我的英雄。

那是说一个混沌未开，还不懂得什么叫悲伤的二十七岁的大男生，被当黑帮老大的父亲送去高中重新念书，作为继任之前的锻炼。本剧是由曾经的偶像少年长濑智也，出演二十七岁的黑帮老大真喜男。

从进入学院开始，他要假装是个十七岁少年那样重新开始。你看，二十七岁的男生的强壮，还有黑帮新老大的强大，足够他在校园里显露风光。当然，他的功课很糟糕，需要朋友的帮忙。

青春所以美好，也因为友情在这个时候来得纯粹简单。另外一个叫樱小路的男生，一路成了他的朋友。帮助他，关心他。站在他这一边。友情的味道，好比汽水，解渴。

而这个时候，哦，还没有尝试过真正恋爱的真喜男，终于遇到了心动的女生小光。彼此的靠近里，喜悦与甜蜜如影随形，又如此令人沉迷陶醉。

然而，小光告诉真喜男，自己最恨黑社会，最讨厌暴力，因为当初家里出事高利贷来找他们，父亲被一群黑社会打成重伤。真喜男犹如遭遇晴天霹

030

雾，晚上两人走在路上，正当真喜男有话想对小光说时，一群小流氓骚扰小光，原本打算打趴这群小流氓的真喜男想起小光那番话，不还手让他们打，却也不肯投降，最终小流氓们被真喜男的气势吓倒自己走掉了。

这天开始真喜男就一直躲着小光，就连小光的邀约也不肯去。某天早上小光的弟弟来找真喜男，希望他帮忙把小光的决胜笔送给正要参加考试的小光，得知自己居然成了小光的英雄之后，真喜男奋力赶往考场。但随后小光的邀约，他却让樱小路去帮忙拒绝。

他躲到学校，跟老师坦白，痛苦地哭了起来。你喜欢的人，一开始就讨厌你所钟爱的选择。爱情的味道，太复杂。该怎么办？二十七岁的他和他的身份，终归不属于这个十七岁的透明心田的世界。

真喜男班上的班主任，二十四岁的南百合子，站在黄昏暮色弥漫的教室里，不知道如何安慰哭得满脸泪光的真喜男。班主任南百合子其实也开始悄悄对真喜男有了爱慕。她的心里，也迷漫起无尽的悲伤。作为一个老师，怎么好爱上自己的学生呢？

这个打架勇猛无比的男生，哭得还不如一个七岁的小男生。

但是，男生的眼泪，是成长的真谛。

成长带来喜悦，也带来痛苦，它们是双生子，是硬币的两面。

他们两个人静默地坐在教室里。找不到答案。只有悲伤，悄无声息又铺天盖地诞生。许久，许久以后，南百合子只是望着这个成长期迟到的男生，

在最美好的夕阳光线里，缓慢而哽咽地跟他说："明天也来学校。有过受伤，有过痛苦，但是，即使如此，也来学校吧。来这里学习、聊天、吃饭。有一天越过了这种悲伤的时候，你肯定会比现在还要坚强。那才是真正的坚强。"

青春如此美好，因为它全部的悲伤，都来得及被我们仔细地，伸出舌头舔尝滋味。在岁月粗糙我们以前，在光阴僵硬灵魂以前。

主角终会毕业，成为真正的老大，真正的英雄。观看主角故事的你呢？也会结束青春期，永远毕业。也一定会遭遇像主角一样的悲伤。

越过这种悲伤，变得坚强的时候，你会爱上悲伤，一直回味悲伤的味道，那是一个人在懂事以后，情动之时，毫无保留，付出全部心力和灵魂，去深爱的最初体验。◆

有一天看一个人的游记。说的是，作者拜会印度的一位诗人达斯库普塔。诗人被作为活的泰戈尔而会面。啊。诗人做了小甜点招待，还略微谈论了下诗歌，一切显得趣味盎然又温情。很快，到了分别的时候，诗人很温柔地说："好的，好的。为了让您记住我，请收下这些吧。"

诗人弯腰从花园里捡起三颗硕大的松塔。松塔嘛，在德国的树林里到处都是，但这三颗是特别的。

啊——请收下三颗硕大的松塔。

为了让别人记得我。我做过——

在大学毕业时候的火车站站台，我亲吻了室友Y。除了我，没有别人这样做。在大学毕业时候，我把新闻系的某某想要的纪念版《中国青年报》五十周年卡片，送给了他。还特意签上了我的名字。在大学毕业时候，我跟许多人合影，然后保存进中国同学录网站。

在高中毕业的时候，我给那个和我同桌但后来忽然消失的女生，写了很长很长的信。我从家里带了饭菜，和另外的同学在学校的桃树林里分享晚餐，说要记得那一幕。

在初中时候，我和别人交换照片……

我做过了许多许多的事情，为了让别人记住我。

可是……后来总归，我就只想得起这么一点点了。又零碎，又模糊。

他们的名字，我一下子也想不起来。

他们到底会不会想起我，这是个问题。

为了让别人忘记我，我做过——

我拒绝任何的回音。换手机号码，换掉小企鹅号码，拒绝被知道新的住址，假装糊涂。故意惹对方生气厌恶和反感。让自己表现得糟糕，扩大自己的缺点，放大性格的恶劣……

他们到底忘记了我没有？这也是个问题。

最后我就想提醒一句，松塔是要腐烂掉的哦，除非做特别好的防止腐化的化学处理。但那样的松塔，还是天然本来面目吗？照我说，不如在快要烂掉的时候丢掉吧！它本就应该有诞生、青春、衰老、掉落、化为灰烬的过程。打扰它已经很不应该了。

至于上面的两个问题，其实是一个问题。不想忘记的，总会忘得差不多。

想要对方忘记的，对方好像真的忘记了，也在继续生活下去。

地球不改旋转，世界不改昼夜更替。

就这样长大了。

而如今，那些说过的话、做过的梦、许过的愿、发过的誓、爱过的人，天真地以为永远不会忘记的事，都在漫漫岁月里不需再提。

遗忘最美好。◆

我想吃豆腐

那次我在香港旅行时，在超级麻雀的小公寓里，无聊看电视，目睹了翡翠台的一则报道。这个报道讲了一个当地修伞老头的故事。

老头在大都会的小街巷里，工作六十年。沿着旧日熟悉道路，旁观小宇宙大世界现代化城市日新月异，逐日老去，以修补残损的物件为生。

黑色橙色或者七彩的直柄曲柄伞，经过他的手，获得第二次第三次乃至多次生命，他的手艺娴熟，笑容爽朗，头发掉光。啊，我不是要歌颂一个坚守一甲子的劳动工作者，是如何如何典范而堪为楷模。我要分享的是个生活家。只要你常抓不懈地生活，你就是生活家。

老头说，我想吃豆腐，就去吃豆腐。

这老头，成精了。

我极度共鸣啊！小时候看卡通，同时吃一碗火腿番茄鸡蛋汤泡饭，很快活。我常常自诩精神物质双享受。

做一个平凡人是很难的。因为心藏热毒，身在碌碌可是心比天高。你有无顺着自己容易满足的心愿？你有无善待自己简单朴素的需求？你有无享受自己有劳而获的快乐？这种小快乐，你用一点点勤勉，达成是没有问题的。

所以——等到六十岁以后才认命呀！认命了就会转头了，转向别的事物，比如普通之物。

世界上最荒谬的观念是，万物无高下之分，百年千年万年后，都一样成为灰烬。问题是眼下活着的时候如何是好呢？

所以，更靠谱的生活态度是，我们要热爱名利，一日在生，一日不息劳，在世就积极周旋。与此同时我们也要知道，路途漫长，难免灰了心，寂了寞，伤了感，孤了独，悲了哀，但多数悲欢轮流坐庄，也有休憩放假时，那就是吃豆腐时间。

可以是豆腐，也可是其他事物，看你自己安放填空的内容，温书逛街听歌看海吃美味食品，每个人都有属于自己的低快乐阈值条件，付出努力是可以实现的。逛街律条之下，不伤害他人之下，不损害自身性命之下。

有位心理学家说，毒品之所以可怕，是因为瞬间刺激大脑神经，反复抵达极乐，败坏了肉体，磨灭了小快乐，然后快速腐朽，失去了得到快乐的最最基本——肉身。极致的快乐其实是一种最危险的境界。

大快乐，小快乐，理论上都不要放过。尤其是，我们的人生确实更多拥有的，更该得到的是绵密的小快乐。

此外，昔日童年，每次见到外公的面，都会拿到零花钱，开心满满，将来我也决不吝啬制造小快乐给我爱的小朋友。懂得爱惜自己，勤奋获取小快乐，同等情况下也就乐于成全好友、恋人与亲人。◆

1

这是一个关于等待的故事。小孩子要等待着长大，长大之后，又要等待心爱的人儿出现！但是心爱的人什么时候才会出现呢？如果等了好久，那个人还没有来，还要继续等下去吗？

这个故事会告诉你答案的。

让我们从故事的源头说起吧！在很久很久以前有一个王国，国王和王后拥有土地和财富，也深受人民的爱戴。但国王和王后却生活得很不开心，因为他们没有孩子。他们觉得很寂寞，所以又伤心又无奈。

有一天，王后独自在池塘边散步，池塘里跳出了一只青蛙，这只青蛙来到王后的面前对她说："王后啊，很快你就会有个女儿。"听到这个话之后，王后很惊讶。青蛙说的话能够相信吗？很快青蛙又跳走了。王后回到宫殿，告诉了国王青蛙的话，他们不大相信一只青蛙说的话。但他们没有想到的是，期盼已久的惊喜降临了。没过多长时间，王后怀孕了，后来这位王后真的生下一个特别漂亮的女儿。青蛙的话后来变成真的了。

2

那个漂亮的女孩，成为国王最疼爱的小公主。

成为父亲的国王呀，高兴无比。为了庆祝女儿的到来，国王特意举办了一个很大的宴会。国王邀请了亲戚、朋友和外宾，还邀来了他王国里几乎所有的女巫师。国王要巫师们为小公主送来美好的祝愿。但是这个时候，国王遇到了一个小麻烦，他发现，他的王国里一共有十三个女巫师，而他只有十二个金盘子来招待她们进餐，该怎么办呢？

国王决定只邀请十二个女巫师，留下一个没有邀请。

3

那是一场充满了欢笑和祝福的宴会。光临宴会的客人们，对小公主献上赞美，也为国王和王后得到女儿而高兴。在这个盛大的宴会结束后，宾客们都给小公主送上最好的礼物。

然后，轮到女巫师们出场了。一个女巫师送给小公主美德，另一个呢，就送给她美貌，还有一个则是送给她富有，她们把世人所希望的优点和期盼，都送给了她。当第十一个女巫师刚刚为小公主祝福之后，第十三个女巫师，也就是那个没有被邀请的女巫师，走了进来。第十三个女巫师非常地愤怒，因为她觉得自己被冷落了，于是，她决心对国王和王后展开可怕的报复。

她想到了最能伤害国王和王后的事情。

那她的报复究竟是什么呢？

4

那个可怕的报复，就是夺走小公主的生命。

在所有人的面前，第十三个女巫师叫道："国王的女儿在十五岁时会被一个纺锤弄伤，最后死去。"

第十三个女巫师施展法术送出了诅咒，就恶狠狠地离开了现场。国王和王后甚至来不及哀求她，向她道歉。所有人都大惊失色，陷入惊恐和不安。尤其是国王和王后，无比懊恼悔恨，又无比地担心。王后伤心地流下了眼泪。

5

就在大家一片沉默安静中，第十二个女巫师开口说话了，她对国王和王后说："请不必担心。我还没有献上给小公主的礼物呢。我的祝福是，这个凶险的咒语的确会应验，但公主能够化险为夷。她不会死去，而只是昏睡过去，当她睡满了一百年就会醒来。"

国王和王后对第十二个女巫师充满了感激。

虽然有第十二个女巫师的祝福，国王还是很忧心。他为了不让心爱的女儿遭到那种可怕的不幸，发布了一个命令，将王国里的所有纺锤都收上来，又把它们全部销毁。

做完这些，国王才安心了。

一天又一天，一年又一年，小公主长大了，变成了一个最完美的女孩。那些女巫师们的所有祝福，都在公主身上应验了：她聪明又美丽，性格是那么

的温柔，举止是那么的优雅，每一个看见公主的人，都会喜欢上公主。为了不让公主活在恐惧中，国王也禁止任何人告诉公主关于诅咒的事。

6

随着时间的流逝，人们也几乎要忘记那个可怕的诅咒了。但是，恰恰在她十五岁的那一天，国王和王后因为外国的邀请，离开了王国，都不在家中，只有公主单独一个人被留在王宫里。

虽然国王和王后在离开之前，叮嘱仆人一定要照看好公主。但是，年幼而淘气的公主，一个人觉得很寂寞，于是她在王宫里走来走去。

公主把宫里大大小小的房间都看完了，最后，她来到了一个古老的宫楼。这个宫楼公主从来没有来过，她非常好奇。于是她走了进去，在里面有一个很狭窄的楼梯，楼梯尽头有一扇门，门上插着一把金钥匙。

公主很想看看里面有些什么。

于是她转动了金钥匙。这个时候，门一下子就弹开了。

7

公主看见一个老太婆坐在里面，忙忙碌碌地纺纱。

年轻的公主完全不知道纺纱是什么。于是她对老婆婆说："喂！老妈妈，您好！您这是在干什么呀？"

"纺纱。"老太婆回答说，接着又冲着公主点了点头，"你也想试试吗？"

"这小东西转起来真有意思！"说着，公主上前也想拿起纺锤纺纱，但

她刚一碰到它，手指就被尖尖的纺锤给扎中了。

可怜的公主立即就倒在地上失去了知觉。可怕的咒语，终于还是应验了。

可是，不要为公主担心，还记得吗？第十三个女巫师的诅咒，被第十二个女巫师改变了。

所以，公主没有死去。

8

公主虽然并没有死，但她倒在地上沉沉地睡去了。

国王和王后正在这时回来了，他们刚走进大厅，也跟着睡着了；王宫马厩里的马，院子里的狗，还有屋顶上的鸽子，甚至就连墙上的苍蝇，也都跟着睡着了；甚至连火炉里的火也停止燃烧入睡了；烧烤的肉不炸响了；所有的一切都不动了，全都沉沉地睡去。

谁也没想到，公主的沉睡，会连带着整个王宫都陷入沉睡。

9

睡啊，睡啊，没有多久的时间，王宫的四周长出了一道蔟藜组成的大篱笆。年复一年，它们越长越高，越长越茂密，最后竟将整座宫殿遮得严严实实，甚至连屋顶和烟囱也看不见了。

于是，关于这个王国流传开了这样一个传说，一个漂亮的正在睡觉的公主的传说。人们所说的公主，其实就是国王的女儿。

这个传说越传越远，许多个国家都听说了。

041

10

也就是从那以后，那些外国的王子，怀着对美丽公主的想象，怀着对传说的好奇，千里迢迢来到这个王国探险。

王子们前赴后继，他们披荆斩棘，想要穿过树篱到王宫里去，但都没有成功，不是被蒺藜缠住就是被树丛绊倒在里面，就像是有无数只手牢牢地抓住他们难以脱身一样，他们都痛苦地失败了。失败的事迹，也慢慢地传开了，大家开始充满了畏惧，说这个王宫没有人能够进去。任何人都不可能。

11

许多许多年过去了，一天，又有一位王子踏上了这块土地。这位年轻的王子也听说那个传说，有一个美丽的公主沉睡在王宫里。

这天，时间正好过去了一百年，所以当王子来到树篱丛时，他看到的全是盛开着美丽花朵的灌木，他很轻松地就穿过了树篱。随着他在前面走，身后树篱又密密地合拢了。

12

这个年轻又温和的王子，朝着植物的深处走去，渐渐地，他看见了覆盖在沉睡中的宫殿。

他继续向里寻去，一切都静得出奇。他发现了令他惊奇的现象。

火炉里的火是静止不动的，马匹是静止的，鸽子、狗、苍蝇都一动不动。终于，他来到古老的宫楼，推开了小公主在的那个小房间的门。

公主睡得正香,她是那么美丽动人,他瞪大眼睛,连眨也舍不得眨一下,看着看着,禁不住俯下身去吻了她一下。

13

就是这一个吻,玫瑰一般美丽的公主,一下子苏醒过来。

她张开双眼,微笑着充满深情地注视着王子,王子抱着她一起走出了宫楼。

一切也都恢复了往日的模样。

无论如何,一百年的时间过去了。

公主努力地回想着这一切,结果,她有点困惑地微笑着,对王子说:"我好像做了一个特别漫长的梦。我梦见自己过着无忧无虑的快乐生活,只有我一个人的城堡,父王和母后也不知道去了哪里。我希望有人来找我,陪伴着我,和我玩。后来,我真的感觉到很多人来了。"

14

在公主讲她做的梦时,王子专注倾听着。

"可是,那些来到王宫的人,很没有礼貌,骄横又野蛮,他们横冲直撞,要闯进王宫。他们企图斩断荆棘,他们上蹿下跳,我只觉得他们非常的讨厌。他们都不是我喜欢的人,我不欢迎他们的到来。所以,我命令荆棘听从我的想法,阻拦他们的擅自闯入。荆棘真的就把这些人阻在外面,不让他们进来。于是,我就继续舒服地睡下去,怎么也无法醒来。有时候,一个梦停止了,下一个梦再出现。在梦里,我感觉自己过了一百年一样。直到,你出现了,

我感觉心跳得非常厉害。"

15

王子忽然明白过来，他也看着公主微笑了，并且再次深深地亲吻了她。一百年大概真的比较漫长，而美丽的公主，终于愿意长大了，等到了自己喜欢的人。时间其实刚刚好，爱要耐心地等待，仔细地分辨，爱是不能勉强的，也不应该是急匆匆的。

16

在这个故事的最后，有一个最美好的结局。那就是，王子和公主举行了盛大的结婚典礼，他们幸福欢乐地生活在一起，一直白头到老。因为是公主选择了这位王子。你看，他们没有想方设法焦急地寻觅真爱，他们耐心地等待，细致地甄别，直到遇上自己心爱的人。

这就是我，对法国作家夏尔·佩罗的《睡美人》，重新改写的动机和理由。 ✦

比我们先睡的人

最漫长的睡眠是离世。

这个世界上比我们先睡的人，以天文数字存在，浩瀚好比宇宙星系。

但大多数我们无所谓，那些人不曾属于我们的生命进程。父母近亲、用心交往的恋人、挚友、相熟的亲戚，这些比我们先睡的人，令我们牵挂哀悼，因为我们亲手握过对方的手，亲身投入对方的怀抱，亲耳倾听对方的心跳，亲自感受对方的体温和体嗅，在朝夕或短暂相伴里，感知对方的存在，我们建立起——关系，那是深入骨髓的依赖和眷念。

但还有的人，从来没有真正触碰过，比我们先一步恒久沉睡，我们也会剧烈悲伤。

从来没有交集过，却在想象里很喜欢。

我说的这种类型的人，就是作者们。他们创造音乐、小说、戏剧、电影、漫画、器物等等等。我们与他们，建立起间接的好感。他们奉献作品，我们享用作品。有朝一日他们死了，我们开始难过。

仿佛心脏切割掉一块。源自我们自身的投射，对他们的喜欢、认同，就此戛然而止。

比如臼井仪人。

叫我们措手不及迎接悲伤。你要先睡了吗？可是，我们没有做好准备啊！

臼井仪人老师堕崖而亡，新闻获知的当天，我发呆半天，于是改掉签名为之哀悼，那个心脏缺口，令人难受。

没多久，就有一个小朋友跳出来在网络上跟我聊天。她说："哈，幸好我的《火影忍者》已经完结，作者死掉也不要紧了。"

她拯救了我，也均衡了我的悲伤。我不得不认真想一想，啊，我不是在哀悼那个真正的活人，因为从来没有共同生活，友好往来过。我只是在追思那个作品的父亲，小新的爸爸。《蜡笔小新》还没有完结就此中断，那是连接作者与我们的纽带。这根纽带剩余的半截，随风而消逝。因为太喜欢野原新之助，喜欢小白，喜欢美呀，喜欢野原广志，喜欢小葵，喜欢这一家人，还有向日葵幼稚园的全体老师同学，以及发生的所有故事，这些人物角色和故事，就此灵魂中断，一想到这一点，空阔的失落，使我更加难过。

那个漫画家去世了。

那个创作了《蜡笔小新》的漫画家去世了。

那个创作了未完结的《蜡笔小新》的漫画家去世了。

三者不能画等号。

所以，我不得不承认事实，接受事实，升华事实。我反而加倍铭记这未完结。正因为未完结，我们会一直惦记那个漫画，以及惦记和怀念亡故的作者，我们不必为此过度悲伤了。作品生命悠长，作者凝固在作品里的投影，凭借作品也"生命"悠长。

没有完结，所以永不结束。

至于比我们先睡的仪人老师，请在天堂继续创作吧。再过几十年我们前往那个世界拜读后继和完结篇。至于比我们先睡的亲友们，再过几十年，我们再相会。

以这样的念头安放内心胸口，悲伤潮汐褪去，心之海面，广阔而宁静。 ◆

犀利的温柔

　　我这样年纪的人，看着香港的电影，听着香港的歌曲，追着香港的明星，香港的痕迹，是彩色油墨滚筒下印出的花边。花纹细致精美，最粗糙的生活也被蒙上了戏剧的朦胧之美。

　　这个大都市的表情一贯的蒙太奇。各个画面穿插着，也就渐渐忽视了，其实与我们一样的草根同志们，过着差不多的生活：在上班的闹钟声里打破安歇的美梦，狂奔向超市晚八点的打折货。

　　金灿灿的梦想常常只能够来自于一个小方格子。那个电视屏幕里，念叨的广告宣传词语。可爱的麦兜跑过大街，坐船去实现做奥运冠军的梦想，最后成为了一个学习抢包山的孩子。不为了冠军为了见李丽珊，只是因为爱妈妈。

　　圣诞节里，火鸡从出世到销售，只有几个月的时间，但是在麦太家的厨房冰箱里，却度过了半年的时间，

已经超过了他的一生。每天换着花样。它的香和好味道，曾经包围过麦兜母子的味蕾，犀利又温柔的。

日子从出生到结束，草根里一千万分之一有可能成为周润发与梁朝伟。香港是这样的，哪个城市的哪个角落不是这样？

所以，在将吃没吃的那一刹那，火鸡的味道达到了巅峰。这不是哲学家说的，是麦兜说的。麦兜说："我发现，火鸡的味道，在将吃和吃第一口之间已经是最高峰。后来只是开始了也就吃下去了，我有哲学家的头脑，不知这样的事情能悟出什么道理，可是这些想法，在我长大以后……"这样说的麦兜已经不是小孩子了。

马尔代夫，麦兜已经去过了无数次，包括那次一生之中最精明最快乐的旅行。从早到晚，平民的幸福，节制而热烈。就像是那个在我看来无比精确的形容：犀利而温柔。它无比犀利地见证着草根世界之外的隔膜，卑微的依然卑微，他们享受的生活永远不能够和他们支撑起来的社会金字塔尖上的相比。充满牛皮癣的老街上，在天台上做早操的中年妇女，为了生活拼搏，如同游戏里的过关，要避开无穷的人为障碍、无辜打击与意外炸弹。

但是，它也无比温柔地展现着草根民众，寻找生活里的点滴幸福，所露出的温柔笑容。麦太跟麦兜开玩笑才说的"发了财就带你去马尔代夫"，终于在麦兜生病后可怜的眼泪下，从渴望变成了短暂的替代现实。麦太只能带他去香港附近的地方游玩。

"蓝天白云，椰林树影，水清沙幼……"

卑微其实不足以打动我们，看电影的人之中，我们自己不也是平民？每天我们路过无数乞丐和更加糟糕的可怜情景，心死掉，彻底失望并且麻木的

人们，不关心也懒得关心。只有卑微里还保留着希望和梦想，我们才依旧看着心意动荡。

只是，长大后的麦兜，真的到了马尔代夫，他还会那么喜悦那么兴奋那么快乐吗？岁月如砂纸，我们的心最耐不起打磨。梦想所以美好，是因为我们还拥有梦想。等到它一朝实现的时候，心已经千疮百孔粗糙无比了。

给麦兜一个充满浓烈的火鸡滋味的童年，一个缺陷但还算完整的童年，一个有很多失望但还有快乐的童年，麦太很努力去做了，麦太是伟大的。

我需要麦兜，需要这部电影需要看着一只小猪，和他的妈妈麦太一起坐在高楼大厦下，端着火鸡，看着天空充满了烟火的七种彩色，带着妈妈已经去世的感伤，回忆着那一口火鸡将吃未吃的幸福。麦兜那幸福的神情，使人落泪。◆

我喜欢徐长卿这个人物，因为这个角色而去注意到霍建华这个艺人。

所以我不如还是回到那个角色说一下我当初的惊讶。他的出场是一种纯粹的兄长似的光芒。看电视剧的时候，一再感慨，这个人物怎么总在付出，总在牺牲，总在执行任务，总在去拯救别人路上，没有抱怨，没有怀疑。他是发自内心遵守自己的信念自己的职业。他的职业是道士。白色光芒，道士出身，形同莲花。莲花历来作为高洁修炼人士的比喻，用在他身上，也合适。作为一个道士的徐长卿，温和地善待所有朋友师长，就像是景天喊他的绰号，白豆腐。其实我觉得，这个绰号后面还可以跟两个字。

白豆腐大哥。

他的形象完美到极点。他无可挑剔。

他值得倚赖。他值得托付。

他可以生死不顾履行自己的任务，照看景天。

仿佛人的一生中，能够遇到这样的大哥，你觉得舒心爽快，安心。如果不是在一部挺纯洁的神话电视剧里，这个角色安置在江湖片，安置在黑帮片里，他应该就是那种赢得小弟小妹和手下部属爱戴的人物。他有儒家的情怀风范，也有道家的飘逸出尘。

直到，这个人物被点醒了。

原本我还在丝丝怀疑，这个人怎么能够如此对人好，似乎自己不存在，忘却自身似的。结果才显现，他是三世情痴。所以他被设置了，设置为太上忘情，忘记爱情。

刹那，他完整了，成为了一个完整的人。流泪，哭泣，伤心，绝望，选择。他必须选择担当世界的责任，选择遗忘所爱的人。他或者很自私，但他怎么能够不爱女儿，不爱纠结了几辈子的妻子。

最完美的男孩成长为父亲之后，也不过是这样的局面。你看不到他的青春期，只看见他被修炼成型，下山行侠仗义斩妖除魔的后来。

据说，兄长们在男孩的青春期里，扮演着半个父亲和开路先锋的样子。他的经验，他的潇洒，成为楷模，成为更小的男生学习的对象。那么，这个兄长又是怎么长大的呢？只知道练功，听师傅的话，读那些古老的道家典籍，分辨世界上的妖怪。对着全男生的道士班，看着山顶云卷云舒，没有起过心头的幻想吗？没有绮念没有未来的远志吗？难道就冲着当掌门而努力？

我想，在他回忆起前生以前，你对这个世界是划定了范围的无差别之爱。

除了害人的妖魔他会毅然扫荡之外，在他后天教养的范围内，他对世间的人是一般无二的，温热真挚。

这种无差别之爱，令他加倍得到世人的各种"爱"。包括一个角色的迷恋。

景天对他其实是小弟对兄长的依赖。

蜀山的师傅师叔师伯们，对他是信任和爱护。

妻子女儿对他才是相依相偎的爱，但她们的悲剧，才令徐长卿癫狂难以自控，陷入狂热。

而观众对他，是爱怜有加。

他的俗世情缘历尽狂热而收敛，命运结局不怎么眷顾他，怀着对所有人的思念，他成为道士的头儿。

我想，他的一生，用来不断思念，皱眉凝思，大雪之中舞剑，那些出现在他生命里的男女老少，他只能默默祝祷。

要是真有这么一个道士当着蜀山掌门，那么，风雪之季，我会拎着一壶酒上山（不知道现在有索道不），烫热了，跟他碰下杯子，话不需多，间隙观看几眼雪，默默喝酒，慰他寂寥。

至于霍建华，当是一个艺人与适合他的角色，交相辉映。当然也爱屋及乌了。他挺适合古装的。

为小狗让路

某年的11月6日，在北京南三环万柳桥附近，一只小狗遭遇不幸。它在三环主路上，被来来往往的车压死了。但是谁也没有想到，它旁边的三个同伴，居然不顾正是高峰的滚滚车流，忠实地守护着死去的小狗，舍不得将它丢弃。

过往的司机都惊呆了，本来匆忙赶路的车，开过三只小狗身边时都纷纷绕行，或者干脆停车。交通为之阻塞，还有两辆车，因为躲避小狗而追尾。

平时啊，在路上遇到堵车，所有的人都心急，谁都想快点走，互相挤来挤去，要是刮着一点蹭着一点，吵架是不可避免的。但是，那一天，所有人都不再抱怨，也没有彼此责难。大家看着那三只围在自己死去伙伴身边的小脏狗，心里有的只是感动。

还有另外一个故事很相似。那是在1928年3月，纽约繁忙的百老汇和沃尔克大街上。一只名叫"小黑人"的母猫阻塞了交通，因为它有五只小猫需要救护。警察詹姆斯·卡德莫尔拦住了过往汽车和行人，让"小黑人"把五只小猫一一地叼过了马路。有人拍下了这一动人情景，题名为《为小猫让路》。

很多时候，我们这些情感复杂的人类，常常喜欢把爱藏在自己内心最深处，因为害怕把它拿出来，会被嘲讽，会被伤害，会不被接受。但是，三只小狗和母猫"小黑人"不懂这些，它们只知道自由地表达自己的悲伤，或者，对同类的爱。

这种爱，最原始最粗糙，却也是最纯净，在这个世界上，任何人都没有资格嘲笑它。

而有爱存在的地方，就是天堂吧。◆

Chapter
02

微物之神

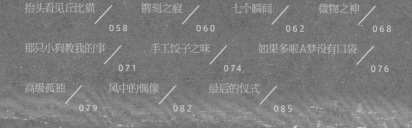

058

以前我写小说的时候，常常会全情投入，导致沉浸在另外一个世界当中。小说里的人物各种遭遇，交往、分开、长大、重逢、离开、分别、流泪、快乐、悲伤……我也会独自对着笔记本，有时候哭，有时候笑，有时候俯首桌面忧伤过度。

这种情况很多年都是一致的。直到有一天，我买了一只二手玩偶。我在我家对面大学的网站上，看见一个二手交易信息，有人转售一只巨大的白色的绒毛玩偶：一头奶牛。那只奶牛差不多就像一个十来岁的人类少年那么大，并且是小胖子那种身材。它嘴巴上弯，带着笑意。我一眼看中，于是带它回家了。这只沉默而不会说话的绒毛玩偶，被我顺手放在了靠近书桌的角落。有一点细微的差别，就此悄悄开始。当我被写作牵引，久久回味其中，一转身，视线落在了奶牛玩偶身上。

它在笑，笑得温和沉静。许久以后，我忍不住站起身，走向它，深深地拥抱住它，时间瞬间停顿片刻。那种温柔触感让我有一种孩童般安定的感觉。之后我就不再理会小说人物的那些悲欢离合，当我写出来了，就快忘却吧，我就要出门去玩，去旅行，去找朋友们吃喝谈笑。它带我离开虚构的世

界，回到现实世界。

此刻，我抬头看见的是丘比猫。一只同样白色的，身材圆滚滚，但更加巨型的大玩偶。它站在办公室入口的二楼上，竖立着耳朵，伸开双手，嘴巴笑成一个W。丘比猫也在提醒我呢！提醒我心应该朝向哪里。它们被设计为微笑而不是哭泣，被设计为放开胸怀友善和睦，而不是钻牛角尖沉迷于不爽，它们带着目的性，是正面的暗示。

奶牛、丘比猫这一类的事物还有很多，因人而异，对你而言，可能是一张旧照片一句教诲，一个眼神一封信，一个存钱罐一双手套，一个老玩具（《玩具总动员3》一定要看啊）……不管是奶牛，还是丘比猫，它们出现在我们的生命里，像我们童年写下的座右铭，像我们长大后建立的梦想坐标，像我们的重要事件备忘录，还像在我们一路走得太匆忙时，站在路边提醒我们放慢点欣赏风景的美学家。

嗨，你千万别忘了，你不是为了微笑而微笑，为了学业而学业，为了活着而活着，为了工作而工作，由始至终，你是为了成为一个能够感知沉静与快乐，希望与美好的人。✦

猫图收纳袋的来源清晰，目的明确。它是哈尼送我的本年度生日礼物。哈尼，也就是英文honey。这个单词解释为亲爱的、蜜糖。棉质的收纳袋，手感柔软，卡其色，可以佩戴脖子上，便捷实用。样子看起来……也挺文艺的。

但是，我跟送我礼物的人极为熟。我们聊过无数次天，谈过无数次心理学，交换过人生看法……我却与她素未谋面。我送给她的生日礼物是一枚雨花石，一只钢铁侠造型的暴力熊。她送的收纳袋我常常挂在脖子上，里面装了我的电脑网络接口转接器，装了我的眼镜，装了我的圆珠笔……

还有一位从来没谋面的朋友，也在网站聊天聊起来。我们互赠了对方生日礼物。我送出了一条围巾，我收到了一双袜子。他没找到工作，而在我苦闷的人生里，我们靠聊天打发了那些茫然的黑夜。我命名他"送袜子男生"。

谢谢从未见过的你，和你的礼物。我深深地喜欢这些礼物。直到收纳袋被我用烂，袜子被我穿破。

还有人我从来没发出礼物。我只是单方面收到礼物，关于他们有个统一的说法——"读者"。原本他们是面孔模糊的，是因为读者与作者"多对一"而难以区分具体。可是，当一个人送出了礼物，她也就被区分开了。一个女孩子送了我一包糖果，圆形小巧克力、橘子味软糖、酥心糖……她因此对于我而言，独一无二。我命名她"送糖果女孩"。对于读者的爱，默默接纳是我觉得最好的方式。

这些送礼物的人，大概没想到，礼物成为了标记记忆的重要定语。寄托在物品之上，收纳于脑海之中。

就这样，朋友和读者、好朋友和热情的读者，也层次不同，有的鲜明储存在人脑里负责记忆的海马区，有的潜伏在潜意识里，某天某事某时刻，忽然被联想起来。有一天路过花鸟市场，看着小盆子碧绿的仙人球，我便想起送我仙人球祝贺我搬新家的前同事。那一刻，我深深地思念了她。

只要你做过了一件事情，送了一个小小礼物，你也就在某个人的生命里，镌刻下一分痕迹。不管深浅，都是痕迹。彼此有了联系，意义由此而生。何必再说什么人生到底是孤独寂寞的。在最广袤无边的时间荒野里，曾发生过这样微小而真实的交会，寂寞与美好始终并列而行。

七个瞬间

[第一个]

有段时间我把我家最近的那家麦当劳当成书房，因为光线特别明亮，暖气也足，于是常常晚上八九点跑去吃东西，带上几本杂志或者小说什么的。那次进了餐厅，看见一个男生趴在斜对面的座位上画素描，画具和背包丢在旁边，拿着铅笔默默地涂擦修改。隔着一条走道，我看不清他究竟画的什么。这男生没什么表情，有时候拿起眼镜戴上，仔仔细细检查画作，又开始修改。

约莫两个多星期，我差不多平均两天就看见他一次。总能看见他，有一次我按捺不住好奇心，经过的时候，瞥了一眼，哦，都是不同漫画里的人物角色。我还认出来，有《火影忍者》里面的，我猜他大概是隔壁服装纺织大学的学生。

人的好奇心一旦满足，也就释然。我心想，这孩子啊，就是一个狂热的动漫粉丝吧。最后一次遇到那男孩，是在晚上十点。没过多久，一个女孩走进餐厅，走到他面前，笑着坐下去，没说几句话，那男孩也笑着站起身，跟女孩一起走掉了。后来，我没有再遇到过他们。

当时，我靠在快餐厅的墙壁上，琢磨了半天，灵光一闪的瞬息之间，才明白过来。回想起来，我能觉察画素描的男孩，曾有过多么漫长的烦躁等待，必须不停地画，浪费了许多铅笔许多橡皮许多惆怅，在得到恋人之前，他先得到了恋爱的过程。

[第二个、第三个和第四个]

某天夜里，下大雨，我从附近的超市出来，沿着一条马路往回走，遥遥地看见有人反方向走过来，看人影感觉怪怪的。凑近了一看，原来是一对情侣。那么稚嫩的面孔，一眼就可以分辨出是学生恋人。那女孩趴在男生背上，拎着球鞋，给自己和男生打着雨伞。其实他们大半个身体都打湿了，嘻嘻哈哈不以为冷，不知道在聊着些什么。

去年的某一天，我的一个友人S打电话求救，说是摔伤了胳膊，我问怎么了，严重不。对方回答说，自己还好，很幸运只是轻伤，是跟恋人一起骑摩托出事的，一起摔了。恋人比他还惨，断了腿骨，打石膏住院了，S于是去医院陪护，带食物去。我开玩笑兼鼓励说，你们两个非常有传统美德，患难与共呀！

过了半年，也就是今年春天，我跟沿海城市的小医生F同学聊天，F居然曾经从摩托车上摔下来过，情况同上，一模一样。我忍不住哈哈大笑。

关于那对雨中的情侣，我还没说完，他们经过我，继续向前时，摔了个狗爬式。稀里哗啦的，然后又爬起来，相互抱怨。我站在原地，饶有兴趣观察他们。那场大雨里的男生，还是继续背起了女孩。

不过，后来找我求助的友人，还是跟恋人在一起，每周去医院探望直到恋人伤愈。沿海城市的那个摔伤额头，缝了十来针的F同学告诉我，如果还能两个人一起骑在摩托车上，还是要去兜风。我说，你不是医生吗？你不怕死啊！有过一次，还敢冒险啊！F只是简单回答一句，我愿意啊！

隔着电话，我也能看见F同学说他还是要跟恋人去兜风时，眼睛里的亮光，语气里的义无反顾。我真想在他受伤的脑门上，书写四个大字：勇者物语。他的那些年少时，罔顾生死，可怕到令人惊骇的勇气，使我震惊了。尽管后来他们分手了。

透过雨水，我也能想象出，浑身湿漉漉的女孩跟男生，重新凝聚身体的温度。冷下去，再热起来。他们的未来如何，已不是重点。

至于患难与共的那一对，受伤了总会好起来，既然有人陪在身边，已经是莫大的福祉。

《圣经》里说，爱是恒久忍耐，又有恩慈。重要的是，人生如此寂寥，我们无论如何都无法忍受故事里只有一个人，总要找一个人来分担我们的喜悦悲伤，笑和眼泪，痛苦欢乐。

[第五个、第六个]

这个春日，小莫跟他的女友去了海南，拍了很多澄澈泛蓝的大海，色彩鲜艳又斑斓的大虾，还有女友站在岩石上，阳光灿烂下的回眸照。

不知道为什么，我总想起我的上一次旅行，在他那里借宿的时候，他憔悴疲倦的样子。在地铁里，他工作太累，站着差一点睡着了。另外一次，给学生们讲课，晕倒了。赚了钱以后，就是拿来这样挥霍的吗？没错，就是应该这样挥霍。生命中最美好的事情，不过就是努力辛苦地赚钱，然后幸福地在一起花掉那些钱。我可没有鼓励谁浪费，我只是觉得，美好本身就是有价值的事。

还有一个人，之所以出去旅行，是因为失恋了。这个人就是我。我去了一座小小的岛屿，其实我是第二次去的。榕树巨大的树脉缠绕着古老的栅栏，还有房子。懒洋洋的猫们，仍然懒洋洋，游客还是那么多，小吃依然很美味，风景有了熟悉感，人呢，却不是第一次前往的人了。我逮了一个陌生人，在一个公园的椅子上，居然就聊起来了。

喝酒有时，打架有时，接吻有时，吵架有时，相遇有时，分手有时，毕业有时，失业有时……我们聊了很久很久，直到彼此都无话可说。就那样坐在黑夜里，海风中，星空不变地在头顶，最后只剩下沉默。刻骨铭心有时，遗忘风中也有时。这本来就是世间的基本规律。

良久，我们相视一笑，挥手分开。我们聊尽了过往，你倾诉了我，我倾诉你，然后重新回到日常生活。走回旅馆的一刻，整个人那么轻，我觉得自己似乎要融化在风中，我不会哭，我只是将随身携带的一些东西，轻轻地放下，留在那岛屿上。

[第七个]

我的中学时代过于遥远，那年那月还没有普及手机，这事说起来挺暴露年纪。那时候男生想要追求女孩，只能写纸条。小纸条等同于现在的短信。

当时坐在我后面三排的那男生根本就是一个纸条工厂，以每小时超过二十多条的信息量，高密度传递给我前两排的女孩手里。有同学嘀咕抱怨，他是有多喜欢那个女孩啊，这么疯狂。

纸条穿梭太频繁，男女生的这事又不是什么大事，开始我们还有兴趣保持人品，原封不动前后交付，后来嫌烦了，中间人纷纷直接掰开偷看又揉上。我们这些旁观者们偷窥得不亦乐乎。

"中午想吃啥？"

"晚自习下了别急着走，一起去操场转转。"

"帮我写作业啊。"

"自己写，成绩不好考不上就完了。"

"野草那么多，蚊子那么大，谁要去操场。"

"下了晚自习我们去吃炒面吧！"

一览无遗全是废话，后来他们正式交往了，调整座位的时候故意坐到一起了，再也不传纸条了。没有戏码可看了，青春真是寂寞啊！

许多年后，同学小聚会上，喂喂，听说他们大学毕业后结婚了呢，有了小孩子呢，一起过着寻常日子呢！

啊啊啊，结婚了吗？一瞬间，十五年过去了。喧哗热闹海阔天空的同学们，开始追忆那些年，我们传过的纸条了。

青春除了寂寞，还很仓促。到了如今的岁月，我起初喜欢的人早不知去向，也许永不再联系。我中间喜欢的人来来去去，可以扳起手指计算了。我未来寻找的人，也只能继续寻找，摊开白纸，取出圆珠笔。

有生之年，我们懂事，然后动情，开始各自画着一根线条，很多人画到一

半就断了，于是再起一头，再换一根线，不幸者乱如掌心的纹路，幸运者抽丝剥茧顺利接下去。四季轮换，一代又一代人重复生命轨迹，这世界上有七十多亿人，加起来恐怕有几万亿的忧伤故事。

然而，总有人把那一根线，即便曲曲折折，也从头到尾画了出来。以至于我不得不在无限忧伤中，静静地沉默了许久。

我承认，我被感动了，如同闪电一般的刹那，一击即中。他们的线索，是另外一种存在，那么温柔，坚定不移，维持着天空中、大地上所有事物运行的平衡。

[一枚动名词]

我的这些小小的故事讲完了，有关于七个瞬间，谢谢你的聆听。

最后的最后，如果你有兴趣，请去查一下我用到的那个英文副标题吧，"an insight"。这是我跟读到文字的你，玩的一个小游戏。我把这个词语献给你，也献给我自己，它既是动词，也是名词。

白昼存在，黑夜也存在，七个瞬间，我不会直白地告诉你分别是什么，但它们都指向同一种境界。在这生生不息的宇宙里，像不变星空陪伴你我的那种东西，历尽漫漫路途，一旦诞生，便成不朽，恒久存在于心间。

大约是在七年前，那个时候我在杂志社工作，跟坐在我旁边的美编小姐特别聊得来。她是一个性格挺好，谈起专业来一板一眼的职业女性。

有一天我坐飞机，在座位网兜里翻出一本读物，碰巧读到一篇文章，现在不大记得作者的名字，但是那文章的内容印象深刻。那位作者干过广告业，于是讽刺了一把现代文明广告宣传的弊病：比如广告文案们在描绘色调的时候，蓝不就是蓝嘛！非要说什么海洋蓝，天空蓝不可，矫情啊！还有些楼盘广告动不动就沙漠黄、森林绿之类，企图虚构人间仙境。

当时我特别心有戚戚焉，那些个广告文案夸大其词，不就是想对消费者或者顾客搞心理暗示嘛！我的黄不是一般的黄，是大地的黄，我的蓝也不是一般的蓝，是沉静的海洋，是希腊爱琴海，是诗人的海，是神话的海。

这种非常具体化的色彩分类，过度的文学修饰，根本就是现代社会盲目虚荣的时髦病，完全应该定性为矫揉造作。

很快，我的无知和那个随笔作者的粗俗傲慢，被现世报了。因为没几天，我隔壁的美术编辑拿着她的色标比对杂志封面的颜色，并且说下午要去印刷厂监印。看着她那本花花绿绿的色标册子，出于好奇，我忍不住问了她一个问题，世界上到底有多少种颜色？

美编小姐回答说，基本当然是三原色，红黄蓝。黑色则是颜色的集合，灰色呢，其实是不同程度的黑色。

我说这我知道，中学物理就学过。那具体颜色呢！

美编小姐很认真解释一番，颜色那可就太多了，色标只是常用一两百种标准色，如果依照不同的比重做细微区分，起码有几百万种颜色。比如鸡蛋壳色，就是黄色的具体一种，牛皮纸袋子的黄，又是一种。色彩学里，确实常常用具体物质在这个世界的表现颜色来标签的。嗯，大致她是这样解释的。

我傻眼了，这才意识到，世界是丰富多彩的，这句话完全正确。

过了几年后，我在一个比较喜欢的小众日本服装品牌芬理希梦的网站上，忽然看见，他们在中国开始销售五百色铅笔了。并且，每种颜色都有对应的名字。

五百种颜色的铅笔，光是看图就令我惊叹了。日本公司在审美文化上，真的做到了微物之神的地步。

请容许我摘抄一部分的名字吧。我只是顺着这些铅笔的名字念起来，就有了朗诵诗的感觉：

日本海的渔火、杨贵妃的梨花白、彗星的传说、故宫的夜、天女的羽衣、古代翡翠的曲玉、八十八夜的茶摘、朝露打湿的牧场、古都的屋根瓦、长谷寺的牡丹、鹿鸣馆的舞踏会……

从植物到神话，从玉石到采茶，从牧场到舞会，所有能够想象到的，生命中那些无限美好的事物，每一样都凝聚了颜色之意象。重要的不再只是铅笔色，而是最隐蔽的人类情感逻辑。每个人都可以给自己人生履历中的色彩定义命名，那是我们回溯人生的记忆归类法。

　　母亲的手工蛋饺的金色，故居阳台的瓷砖青，毕业照的灰黄，恋人初赠的球鞋白，情书笔迹的黑蓝，旅行中黄昏时的海……顺着这样的联想，我忽然在寂静的夜里，被奇妙的忧伤贯穿，在怀念中涌起欢喜自足。 ✦

那只小狗教我的事

我养过一只白色小狗，相当幼小，才一个月大。我为它擤鼻涕，为它洗澡，为它穿外套，为它找旧衣服做窝，它怕冷半夜呜呜叫于是抓到床上人体供暖。

后来，在一个早晨，我妈送走了它。

看见世界上千千万万只小狗，我都会想起我的小狗。

它直接进入了我的内心，因为它从来不曾矫饰过它的本性。

它不满了，就大嚷大叫。它饿了，就要吃，它牙痒痒了，就咬拖鞋。它冷了，就往人身上靠。别人对它好，它就跟人撒欢。

许多人做不到小狗这样本真。我们一开始努力呈现自己最美好的一面，给女朋友看，给男朋友看，给同学看，给朋友看，给老师看，以及给观众看。渐渐我们放松懈怠后，就显露出本来面目，于是彼此开始失望。

如果我们最初就能像小狗一样，会否相处得更加好？至少，各自的想法做法看法，真实意思是什么，各自可以认真用真实的自我给予回音。而不是彼此误解虚耗生命力。

我们本当用真实的自己，相互砥砺磨合。恋人慢慢成为坚固的恋人，家人慢慢成为融洽的家人，友人慢慢成为坦率的友人。

抑或及时醒悟，好聚好散，各自远航。

因为那只小狗，我才发现尽管我有许多自由时间，我居住的小区树木繁茂，四季美好静谧如一座花园，但却花很少在户外活动，我总在写作或者上网。如果我天天带它出门溜达，也许就不会搞臭房间，让我和我爸妈疲于奔命为它善后，最终大家一起失去耐心。

因为那只小狗，我开始观察狗和人类相处的关系，对人类属性，有了进一步的观察认识。我家隔壁养了一只大狗，同时，女主人生了一个女儿。婴儿天天啼哭，邻居们保持沉默。而他们的大狗叫唤了，被当面声讨，指责吵得人不得安宁。物种不平等，这是地球上的社会现实。我也留意新闻报道，有的人视狗如命，也有人大啖狗肉。人各有志，一个人如果不能够习惯世界的多元化，就会处处看不惯，成为可厌的人。至于虐待小动物的人类，更需要的是心理援助。每种残忍背后，都有心的缺失。

它被送走的地方是学校，有学生重新收留了它。据说狗这样的动物会因为主人的舍弃而不再彻底信任人。这是狗的心理学。狗比人寿命短，由此，它也必然没有几年，就会老去，老死。我陪伴了它的童年，可惜不能陪它到老了。

想到这一点，我愈发清醒。所谓爱，沉重而轻微。爱的本质，是接受真实的对方和自我。

真实的我们，往往弱小、无力、胆小、难以坚持付出。唯有不断扶持鼓励，才有勇气一直守望，白头偕老。

心理学家科胡特认为，人类最伟大的心理成就是接受人必有死亡的自

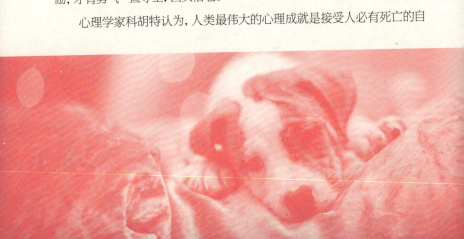

然规律。由此，我们接受了自身的有限性。

人不是生来高贵全能，人也只是在自己一生里不断学习，向身边同类，向各种物种学习而完善自我的生命形式之一。我曾无数次在专栏与小说里提到死亡。如果不学会面对死亡，就不会真正学会生活。我会提一万零一次，但愿每次都有所修识。

而其中一次，是那只小狗教我的。

手工饺子之味

来回答我一个问题，你最爱吃的东西是什么？不局限在零食范围。

这个问题很好回答。充其量使你小小烦恼的，是你的最爱吃里有几项并列。那么我要问第二个问题，为什么那一样食物你最爱吃？

可还记得第一次吃那种食物？何时何地何人何事？请让记忆苏醒，让真相呈现。你看见了什么人？什么地方？什么事情？

咿？比如我，我很爱吃饺子，还有瓜子，还有自助餐。我看见了小时候，我妈亲手包饺子，我帮她塞饺子馅，下锅煮，放调味品，热汤酸酸香香的，我大口吃着。

手工饺子之味，是与妈妈相关的童年温馨。

我还看见第一次带我去吃自助餐的好朋友。我爱自助餐，因为我们关系很铁，常常厮混在一起，暑假兼职啊什么的，摆摊啊什么的。

我还看见，爸爸出差给我带的许多桂林的甘草西瓜子。我对瓜子这种零食的偏执爱，就是那样建立的。我爸在我大学之前，常常到南方出差，回来就会带巧克力、槟榔、桂圆、荔枝、香蕉干，其中最多的是甘草瓜子。以致于我现在上面那排的牙齿队伍里，有几颗磨损出凹痕。甘草瓜子之味，代表着

父爱。

你呢?

为什么多数人一边嚷嚷要减肥,一边疯狂地热爱美食?是因为生命中最爱吃的,脑海第一时间想起的食物,总是跟爱联系在一起。那一定是小时候妈妈做给你吃的,或者爸爸做的,或者爸妈带你去吃的东西。其次是情人或朋友带我们去吃的好吃的。渗透了强大的爱的食物,残留的潜意识温暖一直主宰着我们,会唤醒我们爱和温暖的感知。即便我们忘记了当时具体的环境,忘记了人,忘记了事情,但我们会在内心深处,把当时舌头味蕾吃到的味道,与心理层面感觉到的幸福感,密切融合,储存起来。

因此,我们贪恋食物,不得不一再发胖,为之烦恼。可是无论如何烦恼,即使我们克制自己少吃。但我们对食物的爱,对特定零食的爱,永远不会磨灭。这就是吃的真相之一。

如果你在吃着饺子、甜汤、炒饭等等任何一种食物的时候,感觉到幸福与美好,那是因为在你心里的潜意识,带你重温了那份温暖美好。这是生命的真谛,食物的本质。

你最爱吃的食物,永远与你最爱的人的记忆相互牵绊。

如果你很爱吃,或许只是因为你渴求爱。

这是一个来自潜意识的信号。

如果多啦A梦没有口袋

如题，这个标题就是一个问题。你的答案是什么？圆圆的手，圆圆的脚，笑起来嘴巴大大的，身体肥胖的机器制造的玩具猫，失去了他的万能口袋，你对他的喜欢何去何从？没有呼风唤雨和穿梭时光的道具，没有了无穷无尽救苦救难的法宝，该怎么办？

等一下，先不要急切回答我。容许我猜测下你的心态。

A：你不喜欢他了，因为他失去了口袋就失去了特色，失去了特色，就跟千万个玩具没有两样。他不再是你生命里的奇迹，充其量是一个寄托感情的伙伴，而不是力量的源泉，始终站在你这边，支持你，帮助你，给你小宇宙，实实在在为你提供武器和鼓励，勇气和友情的兼职魔法师。大概你最初会难舍，会内疚，会有点惭愧，但无可避免，时间推移，光阴流转，他没有了让你依赖的口袋超能力，你们平等了，甚至他比你还弱小了。残酷？残酷的可不通常都是真相。友谊变样了。

B：你始终喜欢他，不管他有没有口袋。口袋只不过是地球上人猫之间伟大情谊的灿烂点缀。他出现在你生命中，陪伴你整个青春期乃至全部人生，就是最伟大的存在。你们不离不弃，友情永在。大雄变成老雄，多啦A梦变成老梦。满脸皱纹仍然人生得一知已足矣，斯世当以同怀视之。网络上真有这么一张图片，衰老一对老友，颤巍巍触目惊心。

聪明的你当然知道我说的不止是这人跟猫，不止是大雄跟多啦A梦。老实说我至今仍然习惯叫机器猫，我小时候电视里就这么翻译了。你看，时间如此顽固，一代人就有一代人的刻骨铭心。

近来心理学家爱跟佛门大师对话，以求智慧合并，层层递进，为人世间脱离大苦难。

阅遍妙文，我反而抬头惘怅。众生有情，众生有情之外，还有其他的需求。

如果你把和你存在情感的人，兼顾当成可以实现其他目的，你注定会两败俱伤。父母爱孩子？不，父母爱一个杰出听话的孩子，不爱一个落后无能的孩子。你爱你的恋人？不，你爱一个发肤俊美情调浪漫经济雄厚青春无可匹敌的恋人。

你爱你的朋友？……

做得到越过那些额外附加的条件去爱一个人，那便是真正的爱。

做不到？那也没有关系。请尽情索取你所需要的，你也不过是得不到真正的爱的回应而已。纵然有欺骗误解成功多年，那也不过是各自自欺欺人影帝配影后，双双演技高超做面具控。

抑或——世间所有的爱，原本建立在物质与血缘与肉体与诸多条件之上。

　　一个人的灵魂与外貌与才华与命运，原本就无法孤零零各自单独存在。

　　唯物主义者，我，如是说。接受真相，心安理得。心理学的最高奥义的第一重，也不过是不再逃避，转过身，直面残酷或惨淡的人生。

　　之后，我们选择从真相到真实，心身言行一致。如果大雄不再乐意跟多啦A梦做朋友了，那么各自扬手，祝福对方。如果他们知交到白头，请让我们歌颂这一段人猫传奇，向他们学习。◆

高级孤独

小时候吃一袋冠生园的奶糖，吃了几颗，想起什么来，急匆匆去找年纪只有两三岁的堂妹，极为郑重取出一颗，剥开有点油透的包装纸，冲着那个断奶过早而吮吸着手腕的女孩说，来，给你吃。一颗糖的融化，大概在她记忆里，保留着最初的印象就是，我家哥哥对我好。于是童年常常玩在一起，感情深厚。晃眼多年过去，长大了，不再亲近，诸多谬误，相见隔膜，连话也不想多说。这只是因为各有各人生，作为独生子女，亲戚血缘，渐渐在岁月里，跟着灵魂变得淡泊。

大学后去工作，一帮同事邀约结伴去游泳，我会游泳，同事不会。我教同事，托着她的头，命令她憋一口气，忘记恐惧，仰头寻找漂浮的感觉。以及，跟另外一个友人比赛，在标准泳道里，看谁游完五个来回的速度快。当然这种比赛我认输了，可是满怀开心，泼水打闹，站在水中央，哈哈大笑。后来，结婚生子的养育娃娃去了，谋求高薪的跳槽了，买不起房子的离开大城市回家了。

于是，某个夏天，我去了一个会所的室内泳池，一个人尽情畅游了十几圈，湿漉漉爬出水面，两脚沉重无比，侧头看一眼落地玻璃窗，我忍不住对自

己笑了一下，何谓形单影只，这就是。

还有某次笔会，一干性情外放的人，因为一家报社的组织，走到了一起。我们高谈阔论，我们彻夜在路上游荡，集体放歌，从民歌到人气流行歌，从山歌到小调，喝过了酒，吃过了牛肉，读过了诗，看过了百年千年的建筑群。从城墙而下，年轻的面孔一一闪现，我忍不住脱了鞋子，赤裸着脚板，沿着几百米的斜坡，从半山走下去，风猎猎吹，二十三岁那年的初夏，我走到了斜坡的尽头，往后回望，鲜明意识到，这样一群人，这样一次聚会，一过去就再也不会重现。

什么叫聚散随缘，这既是。当高铁还没建成，武汉、长沙、广州还没能四个小时里一线贯通，大学毕业那年，送走了同学，我则留守了学校所在的武汉。住在母校对面的房子里，我出门，逛街，购物，吃饭，无聊。

080

走着走着，就会走到了宿舍楼下，闭上眼睛，橘子树夏日又冒出甘甜的香气，阳光猛烈照射，体育场上跑步的男生女生们，主干道上奔流不息的单车车流，我不得不承认，我再也不是这些青春的一份子。在那些熟悉的地方，老楼栋拆除，老树砍掉，取而代之当然是更高大的楼，和更新的树木。

而我曾经午睡过的樱花树下，我曾经牵过谁的手的林间小道路，当然不复存在。

都在时光里走散了，过去的人、过去的事、过去的心。走散之后，还能够笑，能够哭，还能够大声说话。但根本上事物不同了。笑得再大声，一刹那恍惚，若有所失。惆怅再弥漫，却又想起零碎某个逗乐有趣的小事，独自一个人会心一笑，不足以跟人分享，但某个瞬间可以填满胸口。

孤独一直在我们心中，从来不离开。

像是为了告别才聚会，为了忘记才相遇，为了烧掉才写下了情书，以眼泪以最深挚的心意；为了删除才拍照，以残酷以最决绝的念头。那又有什么关系。了解了生命本来的真相，请勿再对自己说谎。我们不快乐，那就是不快乐，我们很孤独，那就是很孤独。

　　琴弦没有拉琴的手会孤独，草木没有赏识的人会孤独，明月没有了李白去望会孤独，城堡没有卡夫卡去写会孤独……统统都是多心的人，多情的人，多想的事，多体会的忧伤。你，一生之中，觉察到孤独是在你隐约懂得爱的味道以后。

　　来，让我拍下你的肩膀吧，让我提醒你，也提醒自己，人只来这一回，在这个世界上，不会再有下辈子了。记住孤独的味道，你活着，你才得到孤独，你才向往不孤独，爱和被爱着。

　　泉眼喷涌过，才会有干涸。月缺以后再盈满，你的心孤独后，还可以再有清澈之泉。你不再是曾经的你，孤独也不是过去那种孤独。独孤不求败，只求有延续，有雪、月、花、四季、星空、河流、桥梁，有你，以及爱。

　　我管这种孤独，叫高级孤独。

风中的偶像

我见过成千上万的麻雀俯首仰身，堆满地面。小时候我在老爸上班的粮食厂住过一段时间。我的老爸作为这个小小粮食厂的厂长，叮嘱我说，千万不要去捡那些死掉的麻雀啊，因为它们是吃了毒药死的。所以，那副壮观的画面在我脑海里，无比鲜明。我站在粮食仓库的一个角落旁观着这一切，那个夏天充满了莫名的情绪。如果它们不吃人类的粮食，就不必死掉。但是它们出于本能和无知，不得不吃，所以人类还有一个词语献给了麻雀和麻雀类似的鸟类。这个词语叫做"鸟为食亡"。听上去挺可悲是吗？

我见过燕子在家里做窝，它们扑腾扑腾很忙碌，杂草和泥巴，渐渐在电灯的尾端，累积成为一个巢。按照古老的习惯，没有人去干扰它们，随它们做窝，孵蛋，繁衍，然后大燕子和小燕子一起飞出去，飞回来。

我见过老鹰。那次是一群驴友们，包车去往山间，我们去山间看秋天的枫叶。秋末，天空高远澄澈，黑色的老鹰盘旋，天上的眼睛，俯瞰地面。它们自生自灭，它们觅食它们死掉。我挺好奇，它们躲在哪里睡觉呢？人类搞不懂的事情也太多了。

然后我去上网查，它们站在树上或高处的岩石上或者窝边，收好翅膀，

眯着眼睛，打会盹儿就好了。鹰巢都建得很高。想必也是出于进化而来的防范安全意识。

我也有空看看大雁南飞，成群结队的，貌似一点也不孤单的样子。挺让人羡慕的。人类羡慕飞鸟的历史悠久，对这个世界认知稀少的年纪，看着飞鸟，我也以为它们是偶像，风中的偶像。可长大后，明显知道了它们不是。生物有生物的法则。觅食、天敌、生存交配、片刻惬意，艰苦生存，以及无法生存。很容易，就再也无法飞翔了。

我的妈妈来自乡村，有一天她跟我讲，昨晚做了一个梦，梦见我变成了一只鸟，站在瓜的藤子叶子上，脚一蹬，扑哧就飞走了，自由自在的。我的在世界上已经活了半个多世纪的妈妈呀，讲这个梦的时候，还模拟了动作，双脚弯曲，向上一跳，使她胖乎乎的身躯奋力蹦起一点。叙述梦境的她，双眼发亮，仿佛接受了某种神启，某种暗示，某种领悟，某种默契。

她的生活就是最典型的中国似的老妈，家务和上班，照料儿子我，以及我的老爸。但是，她的梦分明是跟我透露着，曾经在没有我，没有和我的老爸结婚前，她还是个乡村的年轻女孩的时候，在田地里，在我们故乡辽阔的江汉平原，某一天，她凝望了一只鸟雀顿足而飞。就那么一下子，冲天而去，去往天际线。不然她变不出那个梦境的素材。

看着复述梦境的老妈，我的心，就那么沉重跳动着，仿佛呼应着久远的声音，我在飞，在风里飞着，自由自在呵！我没有打断她，听着她说完。然后，她整理一下衣服，出门骑上自行车，去做事了。之后，浑然忘却有这回事情，再也没提过。

一想起世界上，千万种动物，以它们自身的方式存在和消失，我的心，就

安定下来。风中的偶像一个一个都会凋零，但风却永远不停歇。一想起，无数的人目睹鸟类的同时，心头涌起的渴望，我就仿佛凛然听到，这个地球上，那些曾经向往天空，向往风中飞行的内心的微弱鸣叫。

生存之上，生活之下，那些隐蔽的梦，发自最本原的意识，总在最日常的细节里显现。就像我的无限勤劳，不敢懈怠，近乎奉献所有时光的老妈，也有某一刻，她不属于我，不属于我爸，不属于洗衣做饭，不属于家长里短，不属于含辛茹苦，不属于持家理财，不属于世界上的任何人，只属于她自己。

那一刻，她是一只普通的飞鸟，站在田野绿绿的瓜藤叶子，双足一蹬，飞了起来，天空向她迎接过来，她在风中，忘却一切。

这是真正的活着。

哪怕只在短暂几个小时里，夜深忽然梦到。✦

最后的仪式

天气好转，跟友人去动物园闲逛，经过长颈鹿馆，来到一片小树林旁边的湖边。友人忽然告诉我，小时候班上组织活动，老师带着同学们一起到动物园，结果他比较倒霉，忽然看见水面飘来一只死掉的猴子。这事埋在他心里很多年，像一道巨大的阴影，覆盖在苔藓上。

他这事我琢磨了很久。

最近我养猫了。因为此猫自己会上厕所，所以我采取了放养的方式，由着它满屋子乱跑，上蹿下跳，自由自在。渐渐猫长大了，轻功越发了得，一米多高的窗户，也可以一跃而上。我这才想起一个严重的问题，我家在一楼，夏天来了，开个窗户，它就有可能跑出去。猫这种动物，野性天生，不比犬只，养出感情了对人无限眷念，惦记着回家。很多人的猫一旦离家出走，从此一去不返。

另外某个友人还提到说，她的一个朋友家的猫，十三岁时跃上窗台，跃到了更广阔的世界去了，害她哭了一星期。真够深情的。

当时我想起电影《桃姐》里的戏虐斗嘴了，忍不住模拟一番开玩笑：促膝暖怀有时，喂养逗乐有时，被咬挨抓有时，一跃而去有时，人生所有的相聚

都是要告别的哟。

于是又联想起米兰·昆德拉写的小说，取名"为了告别的聚会"。人类养猫，也很类似。迟早我的猫也会去往更加广阔的外面的世界。因为明日可能就要告别，所以今日我反而加倍温存。

设想当我面临那一刻时，我心爱的猫不告而别，消失不见时，我会怎么样呢？猫就罢了，至亲至爱的人呢？

在两百年前的一部小说里，少年宝玉看着"狂风落尽深红色，绿叶成荫子满枝"的时候，他感伤了。后来他进一步领悟到，他所居住的大观园，他那些如花美眷的姐妹，他最爱的女孩子，有一天都会烟消云散时，那种无可奈何的悲伤，简直旷达到弥漫整个天地之间，将人置于难以自处的境地。

哎，说到这里你是不是觉得太跳跃了？不是在说猫吗？我除了说猫，还说了猴子呢！还记得开头我提到的友人和猴子吗？

十多年后，他依然想起小时候目睹的画面时，心头沉闷难受。那猴子跟他之间完全陌生啊！他一直不明白自己为什么会如此敏感。

那是因为，他亲眼见到一个渺小的生命在宇宙中的湮灭，欠缺了一种行为。事实上，我们大多数人，都忽略了人生中的"重要仪式"。一个生命或者一段关系完结了，强迫自己飞快扭过头转移伤痛，匆匆忙忙扑向新的生活，唯独忘了人非草木，被触动的情感，要有完整的仪式来解脱。

吃奶嘴有时，进棺材有时，相逢有时，告别有时，诞生有时，结束有时。生离死别总是悲伤的，我们只能仰仗哀悼来收尾。心理学里阐释"仪式"，生日婚礼葬礼祭奠诸如此类，其本意，就是人给自己一个机会去哀悼告别。告别童年，才能长大，告别自由，才能承诺，告别逝去，才能记取。那些逝去或失去的，才会在记忆里，在最深的潜意识里，与我们融为一体。

　　我很想告诉我的友人，当他某一天，独自在湖边，静静地为那只幼年偶遇的猴子默哀后，心头那道漫长的阴影想必就消散了。至于我的猫，假如有一天不在了，当我站在窗前，想起它时，我也会好好地回忆有过的相处，哀悼这份失去。

　　小小宠物如此，人何以堪？搞清楚这么一个原理，再去重温《石头记》，你能加倍体会出作者写出那么一本书的深意，那是他在回溯整个人生的岁月，巨细靡遗记录最琐碎的人物故事，来进行怀念和哀悼，亦即所谓的"怀金悼玉"。伤感和满纸眼泪，乃是应有的仪式主题。一生之中，谁也绕不过去这"最后的仪式"。◆

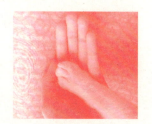

Chapter
03

他她它的练习事件录

不久前，有一个学生读者写私信给我求解，这是个可爱的南方女生。

她这样问我：我好朋友和我告白，我拒绝了，他是不会和我做朋友了，我觉得很难受，以前不止一次发生这样的事，所以上了大学我从不和男生深交，我没什么男生朋友，可是现在还是搞砸了，我应该怎么做才对啊，为什么不可以只做朋友？

为什么呢？

如果失去的朋友，像失物一样单方面去招领，那就轻松了。很遗憾，失友难再招领，尤其是在拒绝告白之后。

我想吃鸡翅，而身边的其他朋友想吃汉堡，还有的同伴呢，只是想吃苹果派或麦旋风冰淇淋。然而，我们都走进了一个麦当劳，围绕或并列坐到了一起。

麦当劳不止卖一样食物，很奇怪吗？不奇怪。因为人的需求本就多样不一。

我们明明各自需要的东西不一样，可是我们机缘巧合走到了一起，相聚一刻。我们的人生就有了这样一段交汇。

在我们幼年的时候，父母待我们之好，犹如世界为我们旋转。不，说得更加夸张一点，犹如我们就是世界。所以，我们的眼睛只看得见自己的需要。但是我们会慢慢长大，会慢慢发现，世界无限大，大世界里还有小世界。地球那么大，中国那么大，那么多的人，人海之中，我们是其中之一。

人海之中，我们各自的兴趣爱好，都不一样，可是呢，也能够做朋友，甚至交往做恋人。可是终归，我们必须学会发现我们走到了一起，却可能各有各的心怀，可能导致关系决裂，可能彼此怨恨，两败俱伤。

怀着对异性的好感，对爱情的憧憬，而接近女生，而告白的男生，脑子里想着的，是一段恋慕的成败。成功了可喜可贺，失败了改弦更张再接再厉。怀着对异性的好感，对友爱的憧憬，而接近男生，而拒绝对自己动心告白的男生，脑子里想着的，是一段的朋友关系的延续。界线清晰，立场黑白分明。

成千上万的人各个不同，却诞生在一个地球上。何况是，两个年轻的人，意图各异误解了对方，但走到了一起做过短暂的朋友。

伤害了对方吗？伤害了自己吗？很没有面子吗？

又有什么关系呢？爱从来不是一成不变天生就会的。爱是我们后天习得，领悟的。是伤害警醒我们，使我们懂得，我们要为自己做选择。

我能告诉南方女生的是，因为那个男孩找的是恋人，而不是朋友，所以告别你，寻找下一个。如果难受，就好好体会这难受，难受鉴证了一段青春当中彼此陪伴关系的温暖、贴切。失去，总是叫人难受。你会铭记下一次，你继续寻找朋友，你要令对方获悉你的真实意图，保证对方的知情权。要找一个纯粹的男生做朋友吗？那要宣告明示，我们以友谊为目的才一起逛街吃饭温书听歌的。

　　至于那男孩，同理可得，他也要学到经验，什么样的女孩，才是可能实现交往的，什么样的女孩，其实只需要男生好友。后果自负。

　　如果我们经历得足够丰富：也将学会祝福对方；学会更好地去爱他人，与之相处；学会说出自己的本来想法，决定彼此关系的走向，但表达方式从未成年的生涩锋利，到成年后的温柔而坚定。

　　时光凝聚又散开，我们相逢又遗忘，多年以后，经过你人生的人，善待相处过的人，被再度想起时，那种感觉微妙奇异，会令你含着眼泪微笑，既美好又忧伤。◆

假装深爱着少年C

有这么一个有点扭曲的小故事。嗯，请先做好心理准备。

话说，有两个孩子，分别是A和B。以及，少年C。少年C实在是普通的男生，不特别，和帅这个字完全没联系。而A和B呢，则很漂亮，很好看。

是关于三角恋吗？对，我必须承认确实关于三角恋。但，没有那么简单。身为扭味乐队主创人员，我是不会讲述寡淡平常的故事的。

外貌好看的A和B同时喜欢上了少年C。让所有人大跌眼镜，怎么偏偏喜欢上这么一个人，太不般配了。换成班上任何一个其他的男生，都会比他多一点点特色，甚至好看一些的吧。于是少年C就成为被大众打击和抨击以及鄙视还有嫉妒的对象。凭什么啊凭什么。他会被好看的A和B喜欢上。不少的男生和女生，为此黯然神伤。

好了，现在我来揭晓扭曲点所在。

好看的A和B，是一对姐弟。

啊！什么？姐弟。

没错，亲生姐弟。

很帅的A，眉目轮廓都是惯常小说里最爱出现的那种美少年。所以现在可以明确身份地呼唤他少年A。

而少女B，有一个漂亮的弟弟的女孩子，也理所当然是美女。

就这样，少年A和少女B同时喜欢上了少年C。纠缠不休如痴如狂如醉。青春期荷尔蒙制造的故事里，这个故事让我瞠目结舌。我也跟从多数人的意见，"哼哼"起来。为什么，为什么要喜欢上那么一般的少年C？

这个真实的小故事夹杂在论坛火爆的众多帖子里，我看过后，一直记得。一直。

后来，有一天我又去重温了一遍，忽然发现在网络上成千上万的跟帖里，有一条解释是这样说的：这对姐弟其实相互爱慕，想要恋爱，只是未能意识到这种潜意识！

太彪悍的解释了。一切都明了。我想起了日本漫画《蔷薇之恋》的情节了。

漂亮的姐弟，其实都太过自恋，只爱慕和自己一样漂亮的人。但是，姐弟是不可以相爱的，那么，相互把自己的爱慕投射出去。姐姐爱的，必定是好的，弟弟也要抢着爱。因为弟弟抢夺，那么姐姐更加要霸占。少年C，不过是最空白的一个箩筐，装满了沉甸甸的心理投射。

你知道人为什么会自恋吗？你知道，太漂亮的人为什么会格外自恋吗？

因为人类最深刻的恐惧是死亡恐惧，它的具体表现就是"同化恐惧"，同化恐惧便是自恋的核心。恐惧一切美好最终必然幻灭，要把自己和外界区分开，对自己的外貌、癖好、细节乃至一切打上"我"的烙印的人和物品，都极端执著。

再回到ABC的故事吧！

大概一开始少年C很享受这样的双重宠爱吧！但，必定是没有结果的。长期下去，宠爱会变成折磨。少年C最后一定会被抛弃，谁会是下一个少年C？

　　他们都会长大的，有一天接受了世间一切幻灭之必然的规律，大概就不会执著了。否则，永陷循环之中直至肉体化为灰烬。◆

A

　　他练习飞行。他最初从只有半米高的矮墙壁上跳下来，张开双臂，安然无恙。他说，风在捏他的耳朵，他就快要变成了一只候鸟，然后飞到南方去。我给他鼓掌。

　　她练习接吻，最初是一张小小的插画上的兔子。她亲吻了兔子，兔子睁着大眼睛，含情脉脉的眼睛。她忽然察觉到自己的胸口里诞生了一场地震，雪也下来了，铺天盖地无所回避，像是在进行悼念。

　　它练习走路，最初它跌倒了五次，但是第六次它还是站起来了。它是一只白色的小猪，在妈妈肚子里待得不耐烦了，终于看见了这个世界。

B

　　他说，南方有他想念的人和朋友。为什么要把他送到北方去？只是因为比较方便将来的读书就业吗？南方的小城，分明是天堂。我亲眼目睹他将一座最繁华的大城市变成了荒芜的沙漠。他的目光所及，只有寂寞的空气在回

荡。

他从学校二楼跳下来，摔断了腿。大家骂他神经病。他没有哭，很倔强。

她说，她真的很喜欢那个男孩子，可是，她被自卑包裹住，像是一粒巧克力糖果被封闭在黑暗的包装纸里。外面看上去那么漂亮光彩，却有着一粒甜蜜苦涩而带着可可脂芬芳的内心。所以，她只是远远看着那个男孩子，把自己藏在人群里。

她干了一件最大胆的事情，在一个集体活动的大帐篷里，玩过了扑克牌大家都昏睡了。她没有入睡，她的目光炯炯，她故意坐在靠近那个男孩子的位置。灯光暗掉，本应该什么都看不见。但她却看得很清楚，男孩子的面孔犹如自然在发光的夜光石，眼睛闭合，呼吸均匀，已经浓睡。她拿出从插画上剜下的兔子眼睛，轻轻放在男生的眼皮上，拿出拯救全世界的勇气，碰了碰他的嘴唇。

097

她收起两片小纸片，揉烂，毁灭证据。没有人发现她的举动。她很镇定，转身也睡着了。

它说，哼哼，哼哼，哼哼……它抢夺母猪妈妈的奶，但是前面出生的小猪不少，它饿得嗷嗷哼哼。它大概最后愤怒了，一再吃不饱，动物也会愤怒沮丧。在某一天，它从栅栏缝隙逃出去了，它本来就很瘦弱。没有人找回它，它就这样失踪了。它是不是很困惑，为什么分到它的头上，爱是这么不公平？

C

后来，他和她长大了。

有关飞行的练习，许多年后，同学们传言为跳楼事件。他常常不好意思地笑。

有关初吻的练习，许多年后，脑海里始终有一只兔子瞪大眼睛看着她，挥之不去。

有关逃跑的练习，许多年后，空缺。据说，它跌落到河流里，之后犹如枯叶返回尘土的状态，演绎生命之轮回。

只有它没有来得及长大，就算长大，也只会被人类吃掉，做成罐头火腿香肠以及冷冻猪肉。

我的这个小故事讲完了，谢谢你，谢谢你的倾听。◆

墙和墙说什么了

一面墙和另外一面墙都说什么了?

不知道啊!

答案要在好多年后告诉你……

以前, 小女孩总是羞涩的, 总是什么都不明明白白地说。

爱要大声说出口, 也许永远是别人的勇气。爱真的需要勇气。有勇气的人手牵了, kiss打了, 甚至最亲密的事情都做了。没勇气的人咋办?

天啊。只好曲曲折折了。 那天放学, 拖着书包, 直奔花店, 我要一枝最漂亮的玫瑰, 请把它拿给我。明天过节, 什么节日? 嘿嘿, 我不知道是什么节日, 但是我要把玫瑰送人。

玫瑰也送了, 你还要怎么样, 女生的心怎么这样难猜。嘴巴上拼命地说没事情没事情了。但是眼睛恶狠狠瞪着你。

她问, 明天上哪里玩? 明天为什么要玩? 后天不是还有考试, 一堆模拟试卷没做? 不玩。

这样, 我打个谜语你猜好不好?

你说, 你说!

昨天我看书，有个谜语好难猜，你也猜看看。墙和墙说什么了呢？温温柔柔的，眼神闪亮，好像春天在四个季节一起来了。

什么？不明白。我大摇其头。

那你慢慢想吧！猜不出就别来找我了。

本来一个温柔的女生又变得恶狠狠了。抓着气球跑掉了，在巷口回头看了一眼，然后是两天的没联系。

第二天什么活动都没有，因为我脑袋要想破了，都不知道到底谜底是什么。所以我也没约她。

后来呢？后来她是她，我是我。错过了就错过了。

墙和墙说什么了呢？好多年后我才知道。谜底是：在拐弯那碰头啊。

我忽然明白得彻彻底底，难过得无限欣喜，那些美好的往事，就这样让我自己慢慢猜吧！我已经知道答案了，但是我会一直猜下去的。其实猜中了，也不一定就会怎么样。

有时候忍不住，自己对自己傻笑，在心里悄悄地重复演习：小女孩问小男孩，墙和墙说什么了呢？在拐弯那碰头啊。

曾被爱过，也很幸福。怀念，也许比相见更加美丽。◆

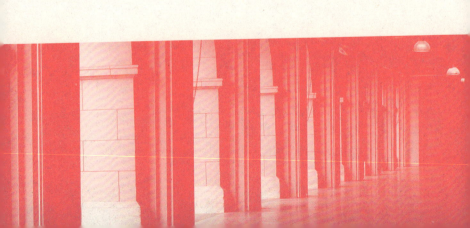

你有没有试过，穿着风衣在大风里一路走？风吹着你的头发你的袖子你的人，人来人往的大街上独自前行，好快意。

你有没有试过，爬上很高的楼上，撕很多纸，比如考试完以后的教科书和试卷，比如密密麻麻的笔记，然后沸沸扬扬大把大把撒下去？更快意。

你有没有试过，深夜大醉，伙同一群人放歌喧嚣走在千年古城里？

你有没有试过凝望一朵牵牛花阳光照耀下兀自开放？你有没有试过喂路边一只沉默安静的狗？

你有没有朝着陌生小孩露出笑容然后看见那小孩也冲你开心笑着？

多多少少有试过吧！

以上种种，我全做过。

这些，那些，人生中促使我有勇气追求更好生活的事，汇集融合成底色。使我觉得活在这个世界上，即便灰心绝望沮丧，但总还是绝对妥协，坚持下去。

因为，我曾经真正做过自己，所以，即便有时戴上面具，我也会记得拿下来。因为我记得真正做自己的惬意和自由畅快。

因为，我曾经热爱过盛大的场景，那些庞大宏大的场景使我激动过感动过震撼过佩服过，但事到如今，我懂得了再伟大的事物，最终唯有落在微小的个人身上，才是实在有意义的。独上高楼，天下有雪，是书本里的幻想，是令人陶醉的意气。但生命的节奏自有其规律，渐渐步入思考和觉醒，也就不再迷恋那些最盛大的东西。一如许多年前，海子说过"只关心粮食和蔬菜"。你如果学不会爱你接纳的最基本的食物，你就失去了切实感受的能力。

目睹一朵牵牛花的开放，你知道，它之后就会凋谢。你会知道生命有起始终结。

喂过一只温驯的狗，你会习得什么是可亲可近，什么又是警惕防备。有的狗对你亲近吻合，有的狗暴躁攻击。就连动物都是复杂的，人这种高级动物就更加复杂。领略了复杂之后，你才会体谅世界上其他人的形成，你才会醒悟就连你自己都是复杂的。我们因此而是丰富立体的。

在此之上，你才能够主动自觉去选择，做一个向善自律的人，还是做一个放纵肆意的人。

最后的最后，你看见孩子的笑容了。

当你长大了，不再是一个孩子了，你开始欣赏孩子的魅力了，那根本不是因为什么天真什么单纯那些堆砌的品格。

那是因为，你一再重温源头。

你也是从这么样的一个孩子开始的，开始体积增加，开始力气变大，开始思维深沉，开始知识累积，开始阅历厚重。

你既是对这陌生小孩笑，也是在对着你内心的那个小孩，那个内在的小孩笑。

来到这个世界，是你最大的幸运。见识这个世界，是你最大的幸运。

你永远属于这个世界，化为尘埃，化为熵。

世界短暂属于你。

谋生、求食、繁殖……爱。短暂过程里，你想拥有一个什么样的世界，什么样的自己？然后怎么做？

这答案，我会一直疑问下去。

希望你也会。

深深地吻上照叙嘴唇的那天，泉水没有闭眼，反而是那个男生情不自禁闭眼了。人生中没经验的事一般比较羞涩。穿过她家附近的大学主干道，泉水被照叙牵着手，慢腾腾仰头眺望日光，日光在白昼照得人仿佛做梦。

十七岁的泉水跟十八岁的照叙恋爱，她没告诉照叙他长得也未免太像自己早年暗恋过的人。泉水心想她一定是被爱神眷顾了，不然为什么会让她得到补偿。

然后泉水发现，渐渐她居然忘却了当时信誓旦旦永远爱某人的想法了。为此泉水发现自己羞愧了，一切很完好，唯有良心作祟。不过也就是那么作祟几分钟，照叙出现在楼下喊她的名字，出现在她面前递给她饮料，一起坐公交去城郊看秋色芦苇，风烟俱净心旷神怡。过去的人，过去的脸，就无法停留在回忆里了。

后来，他们大学毕业了，准备结婚了，泉水在路上兴高采烈去看婚纱。

一幕幕，画面跳过去，又跳过去，像奔跑的兔子，或者袋鼠。

风吹起来，视野之内，铺天盖地的雪白飘扬。她靠在照叙的肩膀上，闭上眼睛，睡着了。一生再长，这一刻弥足珍贵，好比钻石里的极致，一粒载誉史册的"光明之山"。

一瞬间，泉水惊醒。

从课桌上抬起脸，一刹那恍惚，黑板上的彩色粉笔字迹仍然残留。

泉水匍匐在这间中学的教室里，寒冷的长假，空无一人。回到故乡，回到母校，她的脚带她回到了曾经的班级。就在这里，她侧过脸，目睹那个男孩的头发，万分倔强，宛如稻草。

二十四岁的梦只做了十五分钟，做到照叙在牧师的指示下，念完誓词，低头亲吻她时。

十五分钟，但却起承转合，概括十年。十四岁的时候，暗恋过他。恍惚逝去，万物镇定，扭头望去，操场还在，草皮很绿，天空寂寥。

这个世界上，并无一个叫照叙的男孩，陪她走完全程。十年中，泉水谈恋爱，分手，再谈，再分手，辗转各城，飘零亦久。然后厌倦，然后孤独，然后以为自己习惯了孤独。

原来，那么胆怯，连梦中都虚构一个代替品。那么骄傲，梦中忘了他，也可以得到自己的幸福。

泉水的心轻轻发酸，酸如十万只柠檬浓缩为一瓶十毫升的液体。孤独永远无法习惯，即便那么努力自欺欺人。

泉水站起身，走出校门，走出老地方。沿着熟悉道路，白色衬衫的少年似乎又骑过来，单脚立地，支撑着单车，在道旁街道早点店买一份煎饼，一眼看见同班的泉水，礼貌客气又无意识地冲泉水一笑。泉水回以微笑，挥一挥手，那少年背影轻快远去。

十年那么漫长，已足够泉水学会告别。◆

在你心里占据二十分之一

一瓶子康师傅低糖茉莉清茶大约有八十七卡路里，一块德芙巧克力加脆米的脆米巧克力有三百四十八卡路里，一枚白水煮熟的鸡蛋有七十八卡路里，一根比较肉感的紫色茄子清蒸了吃只有二十卡路里……

一个少女的漂亮指数可以换算成不及格，也可以及格六十分，还可以换算成八十分比较漂亮，九十五分顶级美少女。还有一种办法是宫廷选美延续的，符合比例的鼻子多少分，脸型多少分，嘴巴多少分，眼睛多少分，眉毛多少分，三围和体重综合起来，又是一个分数……

一个少年爱一个少女，有多爱呢？也是可以来计算的。有时候是我在你心里排到第几名。爸爸妈妈永远可以排到第一和第二，或者他们并列第一。然后少女排到第三。

但这是不公平的。因为许多的小说和戏剧里，少女为了少年，总是可以叛逃家庭私奔，抛弃了爸爸妈妈，因此，少年其实在少女心里排到了第一位置。尽管，她确实很爱很爱她的家人。但是，爱情大过了天。

因此，还有一种比较简约的办法。这个做法我曾经用过：我在你的心里占据了多少分数比。

得到的回答是二十分之一。

我震惊地"啊"了一声，就不再说话了。我脑袋里立刻把二十分之一换算了一下，也就是百分之五。

我有百分之五的地位，那么剩下的百分之九十五到哪里去了？这个数据当中，当然有百分之五十分给了爸爸妈妈去占据。如果按照我大学学的法律来说，亲情血缘那是天赋的被爱和被依恋的权利。

而恋爱与友谊则是按照像是哥伦布宣布美洲新大陆的归属一样。先到先得，无主之物谁第一时间拿到，就占据了它。人其实也是一回事。尽管我们有点小排斥小害羞。

以上的三个事情的先后顺序是这样的：

给爱情寻找比率，发生在八年前。这很简单，喜欢上一个人了呗！

思考少女外表计算，是在五年前。因为真相是，爱情的本质是以貌取人。进入内心前，先要照一照镜子。

而给食物计算卡路里，是在两年前。因为两年前我开始了减肥。

这三件事情，只有热量是不变的。什么样的烹饪方式，什么样分量种类的食材，决定了卡路里总是那么多。

我们会衰老，时光会拿走青春，有的人会学会了打扮修饰，变得漂亮起来。

而在恋人心里的比例……一定会减少。因为他或她还会遇见其他的喜欢的对象。意识到这一点的时候，我被浓浓的悲伤包围了。因为就连二十分之一，也不是最安全的系数，也会降低到二百分之一……除非你和初恋结婚了，或者，初恋对象死掉了，死于非命，一切截至在你们初恋时刻。

分手之后，人各天涯之后，就算当你是唯一，是百分之百，也无意义了。爱情不是售卖的面包，伪造了生产日期还可以错觉依然新鲜。一个人回忆你时，回忆的不过是出现在他生命中的你，而不是活生生的具体的，你。

所以到如今，我把所有的换算都取消了。我采用了最人道主义的态度。有没有瘦一点？有的；有没有更加好看一点？有的；你有没有爱过我？有的。

那就OK了。

数字是残酷的患得患失，唯有爱过与被爱过，是仁慈的。✦

李沧东吃葡萄不吐葡萄皮，海纶吃苹果不吐苹果皮。当他们总是被取笑，笑着笑着，他们产生了联系。相同处境最能够拉近人的距离，于是他们同仇敌忾了。

换成任何一个人单独去承受全班人的笑话，多多少少碍于面子僵持一下，很快就放弃了，人总是情愿随波逐浪，为了那么一点安全感。可是他们是两个人。有一次海纶站在放学回家路上的某一站牌下，她从书包里拿出一枚富态漂亮的红富士苹果，找准手感双手用力一掰，分为两半，满是甜味的果香里，海纶出神了一刻。

"想什么呢？"没想到会有人恰如其分地出现，恰如其分地搭讪。海纶的脸像那个古老的比喻一般苹果似的红了，在想起这个比喻之时，海纶脑海里冒出古怪的念头，富士富士，很有钱的士兵吗？

海纶用问题回答了问题："给我吃的？"

暮色下的李沧东像个来自丰饶国度的远洋使，献上他们芬芳的特产。除了葡萄还能是什么呢？把自己最爱吃的东西给别人吃，别人就是意义不一般的别人。

海纶说这葡萄真好吃真甜，不吐皮很应该。李沧东微微笑着纠正说这叫提子，进口的。

就这样，在同仇敌忾的那一年夏天，他们说上了话。

在同仇敌忾的那一年秋天，海纶收到了李沧东的情书。手写的情书，要多珍贵有多珍贵。十七岁的李沧东要一笔一划给海纶写情书。情书如黄金，海纶像个精明的理财家一样，存储起来。

直到他们被分开。

分开是因为李沧东去读了军事学院，因为他的爸爸妈妈都是部队的。所有的父母都很爱给自己的小孩安排人生计划未来。在这些看起来完美无瑕的安排和计划中，没有考虑年轻的小孩可能早恋了。就算发生了，年轻的爱情大不过美好的未来。

海纶搞明白李沧东的座位为什么空着，还要仰仗别的同学多嘴告知。那天海纶一如既往按交往的习惯带了两枚苹果，然后找空隙找个有些隐蔽的地方，你一个来我一个。但是游戏突然结束了。

她再也不吃苹果了。吃苹果是一件多么伤感的事情。

时间是世间万事万物的衡量单位，不分事物大小。当海纶离开了自己的家，去外地读了大学，又读完了大学，在外地的外地找了工作。她回家的规律是一年几次。作为独生子女，她的小房间被父母当成了永久纪念馆，从小到大的东西收纳整理归类，定期打扫，以备小公主光临惠顾。但是三口小家庭的小公主长大了，混入成千上万个年轻人中间，漂泊在大城市不再想回去。

新交的男友很持家，超市里打折，他买回了苹果四袋，一袋五块钱四个。物价彪悍的年代苹果很贵。海纶吃了一个，又吃了一个，再吃了一个。打折的

苹果就是个头小,吐着苹果皮吃完了第三个,海纶想起了谁?是谁?

你以为你都忘记了吗?怎么可能。海纶想家了,想家所在的那个南方小城,想她上过的中学,恋过的男孩。男孩名叫李沧东,不告而别令她伤感深深地植入心底。于是她回家了。

她开始亲自整理她的旧物品,以前是妈妈帮她整理的。旧物品重见天日,海纶怀旧得一塌糊涂了。奇迹就这样发生了。还有一封信埋伏在箱子底部。落款,居然是李沧东的。这怎么可能?她都亲手丢进了垃圾箱。

打开来⋯⋯里面是一张折叠的白纸。莫名其妙的奇迹。那是什么意思呢?翻开,合上。海纶百思不解神魂颠倒了。在这纠结的状态下,她冷落了现有的男友。他瞧出了她的心不在焉是因为不知道心飘到哪里了。

真心要找一个人,也不是全无头绪。海纶找了同学录,问了老同学,还去了电话问老师问学校,直到李沧东本人也听闻了谁谁在找他。

收到李沧东的电子邮件,距离那封空白之页的信上的邮戳时间七年多了。

海纶走到街道的尽头,在尽头那里有家水果摊,果实们缤纷累累,无比丰饶。

李沧东的来信,她没有看,删掉了。在寻找解答的最后,海纶忽然觉得索然无趣了。她的智慧赛过当年少女的她许多倍。人生最初的倾力之恋,不计后果。多么勇敢无畏,因为无知者无畏,不知疼痛和悲伤!

她买了苹果,也买了提子。其实提子不就是美国大葡萄吗?拽个屁啊。

她没看信,但按邮件地址新写一封发给他,祝他家庭幸福家庭和睦,不管他是否结婚有孩。

海纶搞清楚了一件事，这些年李沧东其实没有来找海纶，就像海纶这样不算太难找到他。

　　这说明了什么呢！海纶心头大雪覆盖般明亮，李沧东不过是她生命中，雪地上飞过的一只白蝴蝶。

　　——当年你写给我的信，我已经永远不想看懂。你大概只是把分手信装成了白纸，装错了信封，而我妈妈仍然给我收藏起来。

　　所以，此刻的海纶很愿意心平气和领着苹果和提子，去跟陪伴她给她快乐又因为委屈而冷战的现任男友，示好，休战。

　　那种微小细密的伤感，如果还会有，当成享受，当成提醒，都挺好。提醒她，她所已有的，即是最珍贵。◆

那条路怎么走? 请问一下那条路怎么走?

什么路?

那条路啊!

什么路啊? 女生几乎要迷糊了。

就是那条路啊, 可以告诉我怎么走吗? 男生的样子几乎是美国总统按着《圣经》在宣誓, 很严肃, 很认真。

女生终于抓狂了。

到底是什么路嘛, 又不问清楚?

男生开始目光温柔, 并表露出情圣的样子来, 他说, 就是那条通往你心里的路嘛!

啊, 讨厌! 女生面孔通红, 退后几步, 重复说了一次, 好讨厌!

真的很肉麻啊! 这样的搭讪, 真的很肉麻! 世界上到底有多少种搭讪? 然后, 你会的搭讪有哪几种? 或者把这个问题问得更加有针对性一点, 女生呢, 身为女生的你, 喜欢什么样的搭讪?

古代中国人的开头是"小姐芳名", 外国人会说"密斯特某某, 很高兴认

识你"。当然高兴呀，遇见了自己中意的人。

学文艺的男生会婉转开始，你就像天边的云，倒影在我的波心。学理工的男生会说，你好漂亮，你电话多少？什么都不学的街头男生会说，妞，好正点，想不想去溜冰？

不管什么样的搭讪，分来分去只有两个类别。恶心的，和不恶心的。

至于划分的标准，并不是肉麻，也不是是否有水平，更加不是携带了玫瑰没有，标准就只有一个，这个上前来，准备和你搭讪的人，是不是你想要的那一种。看得顺眼的和好看的，至少衣服是洁净的，眼睛也是明亮的，态度是微微羞涩的。总之不造成恶心的，都是有希望的。

另外的一种，总之看着就像是不安好心的，纯粹是游戏的，或者色迷迷的。就是很恶心的了。走开走开，好大一只苍蝇。最好保持一百万光年那么远的距离，千万不要让我再看见。

那么，那么我的那一年是怎么样搭讪的呢？十三岁高一的时候，我是这样搭讪的，你的字写得很好看啊！帮我抄录一下我的小散文好不好？她就"呀"了一声，说，好，你写的什么哦？

我说，写的《冬天的雪》。我的字很难看，这么多年过去了，手写字一直很难看。最后，她帮我抄录了。我准备了一个崭新的笔记本，请她抄写满了三个页码。我想我的搭讪应该还好，不算恶心的，所以她也就答应了。

很久很久以后，我们并没有在一起。有一天我遇见了她，她忽然说，其实我的字一点也不好看啊，我现在看我的字，委委曲曲好像苏美尔人的楔形文字。我帮你抄写的东西你还保存着么？我说，我没有保存了，搬家搞丢了。她松了一口气，说，不要紧，呵呵！

其实，过了很久以后，我曾经翻出看，我得承认，现在我和她有同样的感觉。可是当时我们的目光所及，是被扭曲掉了真相的，公认特别美型的笔迹。

这个事实停留在1996年永远无法篡改。笔记本我还保存着，我搭讪女孩的技巧仍然没什么进步，翻开看笔记本，她当时用的是蓝黑墨水，我终于感觉到什么是又悲伤又甜蜜，又难看又美好。✦

Chapter
04

第二种宇宙观

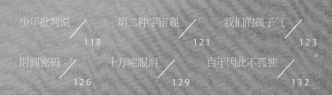

少年批判说

有段时间我很怀念, 超级怀念, 高二年级至高三年级的青春期。

为什么怀念? 因为我觉得那个阶段的我, 埋头苦读, 心无旁骛, 脑袋里虽然装了不少的闲杂读物, 但两个大大的核心关键词, 占了最大篇幅。高考啊, 大学啊!

那个时候我骨瘦如柴, 走路是轻飘飘的, 但目光坚定, 表情呆板, 行为励志, 每学期拿奖学金可不是瞎吹, 尽管中学奖学金只有几十块钱。我的内心有一种饱满的无所畏惧的向前, 向前, 向前。同学之间只有一句话, 拼了, 这回咱们拼了。

这种感觉使我觉得仿佛沐浴了一次春日温泉, 元气能量小宇宙全爆发, 以致多年后, 回忆起来, 我都要感动了, 被自己, 也被那一时刻的青春感动。

然而——

事情总要深刻去看, 因为我是大人了。

当我被自己都感动的时候, 我开始疑心和警惕。

就如多数人所知, 大学不是虚构的美好乌托邦。大学更像是练兵工厂, 上战场之前的预习。评优、奖学金、职业证书、同居、租房、找工作……每一

118

样都让人领教厉害。

但是，几百万图书的大图书馆，无数名家牛人的讲座，客厅的辩论探讨，野营郊游，游园会和社团，也有不少美好记忆啊！然后毕业。就这样我经过了历练，抛入浪潮河流，与无数人同台竞争。

如果我当时准确知道未来每一步道路，我一定没有那么无畏。

因为我根本就不知道在未来，还有那么多事物赐予我美好的滋味，同时赐予残酷悲伤的滋味。

我那时的无畏向前，只不过是因为无知。我不知道人生其实必经反复的重新评估，重新拟定，甚至推翻重来。

我更加不知道，一生之中，一个孩子成长为大人，原来要面对那么多选择。跳不跳，去这个单位还是那个公司？作品签不签约，会被糟蹋还是被善待用心？爱还是不爱，这个人是好是坏？买不买房，这个还是那个？会上当受骗吗？

是的，我变成犹豫不决的人，常常无法一头冲上去勇猛向前，向前。

因为我在岁月中学习太多，获知太多，我知道后果，我还知道后果长什么模样。

事物的后果，再也不是那个中学生的我，脑海里模模糊糊的想象了。后果不是简单的励志关键词，不是乌托邦，后果是活生生的切身切肤之痛，是如蚁噬的悔恨，是压迫住每个毛孔的悲伤，是承担代价的失眠压力，是头破血流，是左右难为，是不舍但必须放手，是日渐清晰明朗的真相——人生哀乐不均，甜美短暂，欢愉有时，一定要抓紧。

呵，原来每当我怀念，便是我遇到艰难选择时。我才不是想回到过去，我只是希望从过往的记忆经验中借一点东西。

如今的我已经觉悟。那点勇气借不到，也借不来，不在过去，不在未来。

成为了有知者，绕不开痛苦。这正是真正的人生。少年的我，由我来批判。保留什么，舍弃什么，我要知其然，更知其所以然。往后的每个当下，我了解，我自己选，我自己承担。

这就是我，一个比你们老那么一点点的大叔（不是永远的高龄少年吗？）写在六月的"批判说"，特别献给你们。

越过这种唯一一次的无知热血，准备进入真正的世界。

幻觉退去，你就要开始真正的人生，成为大人。

请你，再勇敢一点点。◆

第二种宇宙观

有一种宇宙观是许多人常常使用到的心灵药水。人生失意，诸般失落，因此去攀登高峰，比如珠穆朗玛。因此仰观天文，看看星空。

就说看星空吧！在宇宙中大约有十亿个星系。银河系大约由四千五百多亿颗恒星、星云等星际物质和各种射线组成。太阳在银河系中只是一个中等恒星，而地球，只是太阳管辖的一颗小小的行星。

看着看着，宇宙多么浩瀚，星空多么辽阔，世界太过广大，因此，个人的一点点烦恼又算什么呢！因此，感觉到内心平静了。

但是，很快，真的是没有多久，返回到喧嚣城市里，返回复杂人际关系，返回到膨胀欲望追求里，就继续重复开始痛苦。

因为离开了那个"对比"的环境。

原先觉得大的宇宙，顿时消失不见，被忽略，被遗忘在脑后。

比较之下非常狭小的个人烦恼，顿时扩大，被放大镜照了又照，烦恼痛苦卷土重来。嗯，看来最好再次计划一趟对比旅行或对比观看。

这种宇宙观，不是不奏效，只是，好像总透露着治标不治本的味道。

而另一种宇宙观。便是：地球只有一个我。

朱德庸漫画《绝对小孩》里其中一章是：上课的时候，老师说，我们只有一个地球，所以我们要好好爱护它。披头想了想，举手就说，老师，地球只有一个我，所以你要好好爱护我。

只有一个我，也只有一个你，在这个蔚蓝色星球上。

所以，你、我，都是最重要的。需要彼此好好爱护，需要自己好好爱护自己。限定涵义是：爱护身体，保持健康，被爱护心灵，被好好爱。

而爱护自己的宽广涵义，还包括，我们必须良好地完成一整段的人生。在完成的这个过程中，体验是最重要的。首先我们要好好活着，其次我们要尽量不要去伤害别人。在此两个人类基本的伦理道德之外，我们还应该去体验所有的快乐，去体验所有的悲伤，去体验考试失败，去体验工作落后，去体验夜半观星，去体验雨中接恋人，去体验等待放学，去体验用功投入，去体验失恋憔悴，去体验斗志高昂。去尽可能多体验那些人世间的事情。与此同时，不要被这些体验所局限，沉湎其中，像活水那样，流淌不歇，直到永别。在种种体验里，我们的人生获得最大意义的完满。

每一种经历，都被赋予意义。

这样的宇宙观，是不是更加贴近我们的灵魂？

这种宇宙观压根就丢开了治标和治本。

不必治标，因为痛苦是生命必要构成部分，与快乐相互映照。

不必治本，因为我之为我，独一无二，生命只此一次。即便地球在宇宙里连恒河一沙都不到，但地球只有一个我，宇宙也只有一个我。必须爱护这唯一的有限的存在。本着推己及人和人类社会互惠互利原则，也应该彼此爱护。

我爱我自己，所以，我必须好好完成我自己的人生。◆

我们的孩子气

在很久很久以前，也就是上个世纪四十年代。纽约大学有两个"斯"专家。嗯，就好像韩国人总爱思密达这个思密达那个，美国人也很爱名字里斯来斯去。他们分别是托马斯和切斯，专门和妈妈还有婴儿打交道。比如问妈妈：你们家的宝贝第一次洗澡啊，吃第一口麦片啊，是什么反应？

至于婴儿呢，会密切观察他们的表现。光阴飞逝，研究有了结果，有的婴儿特别活泼。有的喜欢新鲜玩意儿，第一次吃以前没吃过的，会一勺子都吞掉，有的干脆全吐掉。还有的总是乐呵呵，有的却郁郁寡欢。

渐渐婴儿变成了儿童，儿童变成了少年，一个重大的发现诞生了：从出生到少年时期，这个长大成人的过程里，孩子们从小养成的气质基本不变。

当你出生的时候，是什么样的孩子气，以后，基本上就是什么样的了。

然而，也会有异变，那就是——出现了一生中的重大变故，严重疾病、车祸，或父亲母亲有人去世，或恋人去世，家里巨变等等这样的事情。

如果没有这些变化，基本气质会一直到成年，到我们老掉，成为老太婆或老大爷。

这样的孩子气，分为三种：很容易哄的，态度温和的叫轻松型；老爱哭，爱生气，不好哄的叫困难型；有点糊涂，对事物领悟比较慢的，就叫慢热型。

当我看到这一节心理学历史，马上想起了——你猜我想起了什么？

抓周。不过我怀疑这种严重滞后的中国传统风俗，完全就不被九零后小孩知道。那么就让我来发扬光大吧。抓周也就是桌子上放一大堆东西，书啊、钱啊、镜子啊、胭脂水粉、算盘啊，给过周岁的小朋友自己抓。抓到什么，基本上就说那个无辜的小朋友将来会变成作家、会计、老板、爱美丽的妖精或是朴素的好孩子……

很好玩吧！还不赶紧回家问你妈妈？再对照自己。基本上，青春期的自己和家庭没有重大变化，那么，你就是那种类型了。抓周看职业不靠谱，但可以观察出性格气质。

然后，我们怎么对待自己的"孩子气"？瑞典女诗人安娜·吕德斯泰德写道：我生来只为/而且长大只为/在世上做安娜。

她的诗集开篇，有则序言《风在演奏来自永恒的乐句》，里面说："所有人都是个人，各不相同，各具特性。通过做一个与众不同、具有特性的个人，成为你自己，你也就完成了使命，因此也就丰富了这个世界。这并不意味着你要在世人眼中得到承认，更不是要你成名成家，有权势和财富，而是说你要找到你自己，根据自己的条件生活。"

我妈说我小时候抓周拿的是笔，懂事，比较皮。后来很爱看书，爱写作，渐渐变得很安静了。我想我属于慢热型，我的大学修习法律，我遇见过很多职业,并且,据说未来很有"钱途"!起先我还很被诱惑,最后都拒绝了。我最终成为一个作家。作家再有钱,也比不上商人,还有超级富豪企业家。就连作家里的首富郭敬明同学都被人说,他那点钱也叫钱吗?

我们都知道钱是很好很好的东西。但是,我们却也不愿意完全彻底为了钱,失去自我改变自己,成为不是自己的人。即便当时被自己的欲望蒙蔽,觉得可以为了钱牺牲自我,但最终会发现,还是渴望着做自己。

如果一生没有遇到什么外界不可抗拒的命运,造成意外重大变故迫不得已时,我们不需要去改变自己的"孩子气类型"。

所以,也许我还会兼职做点这个,业余做点那个。但最重要的是一辈子都会写下去,成为作家,而且作为一个作家死去。这个职业太符合我的"孩子气"了。

嗯,就是这样。◆

除了暑假，名正言顺又无比漫长的假期还有什么? 没了啊!

除非永远做学生，除非你以后当老师。

除非自由职业者，但自由职业者忙于解决吃饭问题，也是要工作赚钱的，没有真正过好暑假的心。

我永远怀念那些长假，因为还没有工作需要做，暑假作业不过是聋子的耳朵摆设而已。带着亲戚家小孩，浩浩荡荡去郊区，去野外，去湖边，去公园……要么就使劲看电视，看到天昏地暗暮色四合。

怀念那些还是小不点的日子，可以带着鳝鱼肠子去南湖边上钓小龙虾，跟着爸爸一起，慢慢地等待，等浮标微弱地动个不停，再一把拉上来，满满一小筐成就感和幸福。

怀念刚刚成长的时候还有傻傻的冲动，和朋友通宵不睡跑到山上看日出，怕早上起不来于是干脆不睡了，带点饮料吃的，在小山峰升一个火堆，一边聊着那些往事一边等待黎明。

怀念花季青春，那些朦胧的感情，和那些从未说出口的表白，毕业照上从前某某和某某曾经秘密地一起回家，某某和某某在课堂上传纸条，我和某某，相约在暑假的下午到凉亭一起写数学作业，写着写着就忘了要写，顾着聊了，聊着聊着就忘了作业，玩到傍晚回家，才猛然发现自己少了一本出门时带着的书本。

一个又一个暑假过完，你就从此完全长大了。

你要知道，暑假过一个少一个，而人总是要长大的。多少次坐在窗前，吹着天边的风，怀念如果这暑假的最后一天过去之后，再一觉醒来又回到了暑假的第一天，盘算着怎么再过一次，天真的想法连自己都觉得可笑，可爱。记忆中杂乱的知了叫，一层一层，如湖面吹起的波浪，起起伏伏，好像只有要结束的时候才会体会到这份闲适的心境。

就像是青春无限宝贵，但花着用着读书写字学习考试，一转眼，就要被推到滚滚人潮里，抢工作比能力求生存。在社会上一点点磕磕碰碰，慢慢地把一身的棱角磨圆，抬头仰望头顶的一小片天空，投下的却是一块巨大的阴影。夜里走在城市的荒野，只能期盼黎明能带回生活本来的样子。

这些年过去，我还是遗憾，我得出的结论是，真该有一个照相机，真该多记录几笔日记。

拍下走过少年时代学生时代的痕迹，拍下浪荡流窜游玩的自己。

但我的青春期，数码照相机还没普及，大二才拿到第一台人生的照相机。小心翼翼地对焦，聚精会神地按下快门，每一张照片都显得弥足珍贵，多少张照片都觉得不够用，可惜的是一卷胶卷也就那么几张。

你要知道，记忆总是靠不住，我没法完整丰富记录那些画面，所以，只有靠文字。

可怜又单薄的文字，永远记录不全爬在桑树上咬桑果的甜美，一身紫色的汁水。

永远记录不全抓鱼烤土豆的野外的风味和自己的狼狈样。

也永远记录不了当时的同伴的滑稽或可爱模样。

还有去电玩城打游戏的熊猫眼，吃烧烤喝啤酒的杯盘狼藉。

我没有嫉妒比我年轻的小孩，因为太多小孩也不懂早早记录越来越少的长假。即便是写一点暑假日记，夏日作文，也是好的。

那些璀璨阳光，那些绿叶树林，那些蚂蚁叫蝉，那些CD和MP3，那些照片和叙述……

年轻的时候总是有些奇怪的冲劲，喜欢一遍又一遍地刷新Gameboy游戏纪录，曾经和弟弟一起交替着收集Pokemon，一个人玩一个人休息，连续一天多终于完成了剧情，两个人才肯撒手去好好睡觉，那时候家里大人真是拿我们一点办法都没有。每天背着游泳圈，十二岁的我牵着十岁的弟弟，在小区的游泳池消暑，两个月下来无师自通的"复合狗爬式"游得比大姐姐还快。一转眼，会想那个大姐姐现在是什么样子呢，仍然每个夏天都去游泳么? 曾经想过在一个异地的暑假，写下一本诗集，记载这段日子的新鲜与好奇，快乐或忧伤，最后笔记本也慢慢沉到了杂物箱的底下，回家清理东西才重新拾起。这些，仅属于夏天的回忆，在一次次回味中滋味愈酿愈醇。

许多年后，重新翻阅，你一定感动得一塌糊涂。

那么丰盈的青春，不可白白浪费在时空光影里。

多记录一点，就像是你的生命定格的某一刻，获得独立的意义和谜语。

留待光阴日后解码。◆

十万吨眼泪

——纪念2008年四川地震。

你知道么? 关于一百天这个时限。

一百天是个什么特殊的日子? 一百天, 是心理学意义上的创伤缓冲期。受难者, 一百天里将承受巨大的心之痛楚。大地裂开, 而生命熄灭。一丝一缕半透明灵魂消散。直接的, 间接的, 所有见证者, 都是受难者。我们, 都是受难者。当我坐在巴士里扭头看着车载电视里反复播放的新闻的时候, 眼泪反复地流淌而不可遏止。我在想, 这一百天? 会有多少的眼泪诞生?

假如一个人平均在十天内流下了十毫升的眼泪, 那么, 一百个人就是一千毫升。约莫就是一千克。一吨等于一千千克。也就是说, 十万个人, 便有一吨的眼泪。那么, 一百天呢, 这个国度的十亿人呢? 加上遍及海内外的其他同胞呢? 总共, 是可以有十万吨眼泪的。大约, 是可以这样换算的吧! 为了那么多转瞬离开我们的人, 地球上, 曾经在2008年的5月12日之后, 出现过这么多的眼泪。

在这里探讨眼泪很重要么? 其实, 很重要的。重要到, 谁也无法绕过

它。因为，我们表达悲伤最原始本能的形式便是眼泪，这种含有盐分的液体。

有部电影里引述爱斯基摩人的故事，当他们所爱的人死去，他们会聚在一起谈论那个死去的人五天五夜，当他们谈论的时候，他们是在淡忘关于那个人的记忆，从那以后，他们就再也不谈那个人，如果他们再谈的话，那个人的灵魂就不能得到安息。

我想，大概我们无法像传说里的爱斯基摩人那样豁达，我们无法做到五天五夜后，从此不再谈论失去的人。

人类有一种奇妙的心理，目睹亲人同胞受难，会天然产生一种代替受难的意念。这种意念那么强烈，以至我们诞生了哀悼这样的仪式。当那么大的悲伤笼罩，那么多的人惨痛失去生命，我们怎么能够去开心，去幸福呢？所以，我们必须集体默哀。比如三天国家悼念日。

但其实，离开人间的他们，如果来得及对爱着的人说一些话，他们说的，多半是，希望我们快乐幸福地活着。

即便他们离开了，也是深深爱着我们的。一如，我们深深爱着他们。请闭上眼睛，想象一下。换作是你，会怎么做？我想应该也是拼命祝福自己的亲人爱人朋友吧！希望被记得，但不希望他们凄苦而生永远哀伤。

就让我们为悲伤设立一个大致的期限。一百天内吧，痛快地哭吧。用眼泪融化悲伤，用十万吨眼泪为他们祭奠。然后，我们要走出漫长的悲伤期，我们还要答应他们，会认真生活下去，让自己幸福，更加幸福。因为，这才是他们想看见的。他们以我们的怀念，而留传存在于世界上的宝贵记忆与痕迹。我们，会永致怀念。

十万吨眼泪以后，悲伤，转变为绵长的思念、力量、勇气、静默与生者彼此的爱的守望——那些孤儿，那些老人，那些失去孩子的父母，以及我们。也许我们难免还有零星哭泣时，因为哀思。但我们，所有活着的人，要替去往另外一个世界的人，加倍活下去，活出他们未尝来得及实现的那份美好幸福。

你知道"蔷薇叶已抽"是什么意思么? 让我把原诗找出来, 请跟我一起读一首一千年前的八句汉语:"尔从山中来, 早晚发天目。我屋南窗下, 今生几丛菊? 蔷薇叶已抽, 秋兰气当馥。归去来山中, 山中酒应熟。"

132

这诗本是一首田园牧歌, 但却叫人浮想很多。中间第五句的意思是说, 蔷薇的叶子长出来了。植物抽叶, 花朵也开始孕育。这个时间是在三月至四月。然后, 五月到六月, 盛开。七月呢? 凋谢。

凋谢之时, 便是告别之时。

这种花像不像一支毕业告别的伴奏曲? 我在我的大学母校, 时常经过一片蔷薇园。目睹它们发芽, 抽叶, 开花, 绚烂无伦, 之后, 渐次凋谢。每到此时又一拨毕业生要离开母校, 投奔命运, 流落在世界的各个角落。我在凋谢枯萎的花朵面前, 沉默了片刻, 跟它们再见。好运。

不止是花开, 不止是毕业。成长源自于告别。就像种子要离开母体, 小孩子要离开家。植物开花, 花粉传播, 再留下果实。果实也就是种子。今年六月看《南方周末》上的新闻, 看到一则"通用汽车宣布破产。今年101岁"。对历史有了解, 对世界工业历史有一点点了解, 或者是对汽车有癖好的人,都知道通用。那是工业文明时代的一枚象征。坚持不过全球经济危机，破产了。在通用汽车宣布破产当天，三名政界人士表情肃穆地参加了支持工人的集会，为国家汽车工业祈祷。其实，我仔细端详照片内的人物表情，何止肃穆，简直是无比悲情。

我的脑海里蓦然冒出一句话："百年相交，终须一别。"

这句话出自徐克导演的《蜀山传》。斩妖除魔的两大高手玄天宗和丹辰子，在劫难来临时刻，相对微笑，各奔前路。分别之前，有一句慨叹，就是这句。即便是有一致的理想与志向，但每个人的路程，仍然只有自己一个人去走。所有路途上的陪伴者，回头看都是转瞬消逝。唯一区别是时间先后。

今日的离别，明日不会再见。或者再见，以数年，十年，数十年，乃至百年为单位。不过一百年呀，我们都成为灰烬了。

地球上有历史的国家都爱嘲笑美国，这个国家建国短暂，文明只有两百多年，虽然领袖现代，为第一强国，但是，没有哪一次的挫败，比这次严重。9·11不过是外在的攻击，反而激发了英雄主义，还给了美国推行霸权战争的口实。而今，最有文明象征意义的大公司，通用这样的，挨个破产，才是真正的悲伤情怀。百年一别的心情，这次美国人也可以体会到了。于这种反复的历史情感里，鉴证的是沉甸甸的心理历程。必须以成熟之心，来面对悲伤与挫败，明日才能重新站起来。

就好比中国，文明不割断，一直绵延下来，其实是因为历经许多次的百年之别兴衰更替，有一种潜在的心智成熟，反而可以理解接纳这些文明的变迁起伏太过平常，更具坚韧。

从花，到人类，到百年老公司，到家园国度，到星球，到宇宙，都是如此。

恒星也会灭亡，星系离散，坍塌为黑洞。

不过，即便如此，却还是可以慷慨振作。恰如今年蔷薇开而谢明年有新的花开，毕业唱起骊歌后有陌生崭新的未来，恰如父母衰老而有孩子的诞生，恰如破产公司会有重组，恰如文明零落会有复兴，恰如宇宙内不断有恒星死亡又有星系的新生。就连宇宙，天文和物理学家也猜测，有过多次的灭亡与诞生。

我只觉得，一切的一切，这当中隐隐流淌着同一种情怀，越过百年而至无尽光年的新陈代谢，越过死亡与新生的自然规律而生生不息。在宇宙中原本无限孤独的个体生命与事物，因此而并不孤独。✦

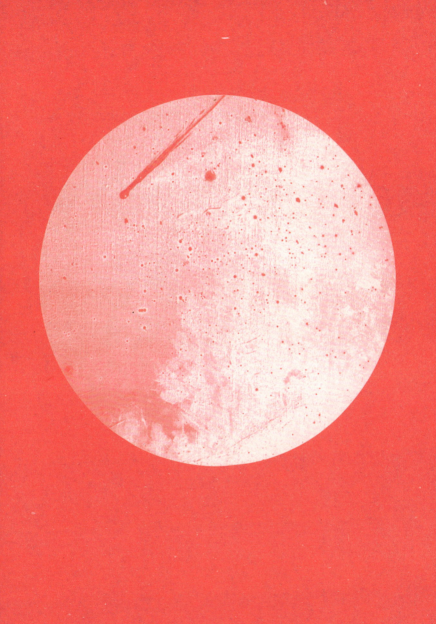

Chapter
05

✦

琥珀记忆／

琥珀记忆

1998年，十六岁，稀里糊涂的中学生。

在某一次的调整座位时，我跟一个之前完全没往来的女生同桌了。

这个同桌女生对我很好，主动跟我聊天，完全没有新同桌的生涩感。我是个有鼻炎的人，冬天尤其严重，发作起来难以呼吸痛不欲生。是这个女生告诉我鼻炎跟感冒之间的关系密切。她说的要点，至今我还照办。她说，要注意戴帽子保暖，头部保暖了，就不容易感冒。但当时我已经感冒了。我中午去吃饭，回来的时候，发现她给我去买了感冒药。我很惊讶，感谢她之后，我吃了感冒药，午睡片刻后，整个人舒服多了。是的，我因此对她有好感了。

我记得很清楚的是，她的脸上很有几点雀斑。

感冒药事件之后的某一天晚自习她说要跟我玩一个游戏，掌心对掌心……嗯，我对了。但是仅此而已。

后来我去念大学，事后追想，我猜那女生其实是想跟我来点什么。

遗憾的是，这个世界上有些人年轻时比较迟钝。我只觉得，这个同学真不错。

我听说那女生复读了，于是在大学里我给她写了一封长信。这封长信石

沉大海，杳无音信。后来当然是不会有任何联系。一来完全失了联系，二来，人就是随着河流而去的存在，不断改变，并且去喜欢别人，被别人喜欢了。

1998年，我其实想和这个世界上的你谈一谈，谈谈恋爱。

重返少年时，在那个晚上，教室内燃着各种蜡烛，熄灯后还在拼命用功的同学们，搞得氛围相当浪漫。我们掌心对了掌心之后，会这样发展下去。如果我开窍得早，懂得她的行为表达的含义。我会对她更好。所以，我们或许应该悄悄一起脑袋跟脑袋靠得更加近，手跟手拉起来，然后，也许可以嘴巴跟嘴巴也碰一碰。再然后，其他人会开玩笑说，某某跟某某在一起了。我们真真正正交往了，是为初恋。

但据说回忆最容易使人产生自恋幻想。那么，会不会记忆都被我扭曲了？只有天知道。

那些没有完全发生，处于生长期而凝固的东西，只有一种东西可以类比。那就是琥珀。松脂的化石，凝固了当时的昆虫或别的小生命。琥珀凝固的不是时间，而是某一个状态。时间继续推移，赋予状态意义，年深月久，成为化石，越发渗透光泽。

但在我重新记取过去时，我不愿意拿来与当下对比。我只愿提取那些赤子之心的爱慕，我喜欢你，你可喜欢我？

这在我们的生命中，可以用来证明，无论如何，至少曾经，你在这个世界上被人真心对待过。并与一些专属名词匹配：单纯、简单、美好，或青春。

此后的岁月，你我还是应当发自内心去爱一个人，就像曾经被人真心对待过。你与我，也值得被真心对待。

许多年后，我掌心所能感觉到的对方掌心的温热，渐渐得以重温。

单车故事

这件事情很奇妙。那天下课后，沿着老街老路老景致一直走啊，一直走。在放学后，经过一些贩卖食物小店铺，嗅着熟悉的香味，顺道遇见了熟人，要问候熟悉的长辈。回家的路其实蛮远。初中一年级，仍旧只会虐待双腿。

我不是没有想过学骑单车，以及让家里人给我买辆崭新的，很拉风的单车。

对于一个中学生来说，其实我的个子也比较高呀，腿也不短。因此，我飞快地转动踏板，感觉腾云驾雾。啪嗒——

啪嗒，我跳上了他的单车后座。急剧的冲击力，让他的单车后座崩溃掉了。本来就是一辆旧单车，年月长了，周身布满铁锈旧痕。无法承受力道，被我坐垮了。

我尴尬到极点。还好人没受伤。他说，没事没事。接着走路吧！

这样，就变成了一起走。你看，这个男生本来自己骑得好好的，干吗要忽然停下来，并且停在我旁边说，我载你吧！

本来什么都不会发生的。我很懊恼也很羞愧，仿佛我是一个重量级的单车杀手。他说，其实你可以学啊，你腿其实也长，肯定一学就会。

我说好啊，有空你倒是可以教我?

没问题。他说。

因此，后来，他开始教我。反正上学路途是一样的。在他买了一辆新单车以后，我差不多也学会了单车，也只不过撞了一次电线杆，摔了三次地上。

你看，这确实是一个很微妙，又很充满友爱的事情。简直要让人误会点什么了。骑车的技术日渐熟练，两个星期后，我果然很容易就跨上去，助跑几步，转动踏板。感觉腾云驾雾一样。我怀疑我面孔上都要出现微笑了，因为做成一件事带来的小小成就感。

当我们在中学分道扬镳的时候，我们做了三年多的朋友。各自奔赴不同地方去念大学的那年，他告诉我一件事情。关于我们围绕单车发生的故事。

他本来就不想要那辆旧单车，所以，才邀请我坐上他的后座的，这样就可以合情合理要家长买新的……他后来是这样告诉我的。然后呢，他觉得这么利用我也挺过分的，于是主动教我骑车。知道真相这已经是几年之后了，我愣了一下，然后哈哈大笑。我的心脏，像是获得了一颗细小的结石。我们因为时间推移而各自淡化了联系。

又是一些年过去，差不多十年时间，直到我变成一个更加柔软的人，我重新想起这个人，这个同学，这件事情。

一切都很平静，阳光照耀这个世界，我在新年里的某个下午，忽然涌起发生在少年时代的这个插曲。全部的原谅。我原谅了自己，原谅了自己年少时对人对事的洁癖。从一个搞笑的动机开始，但开始的是一段真真切切发生过的小插曲。我们曾经并列骑车，我受惠于他人的教导。国宝熊猫才黑白分明，而我们得学会，辨析选择，学到糟糕记忆里的经验，感激人生里某一截光阴有人陪伴，即便最初动机很滑稽不纯。

再见下课铃

在这个世界上有些地方很牢靠。比如学校。很多年的来去学生，但学校常常坚持不走。冬天有日光，我回去了我的初中。

十一岁到十四岁这段时光，献给了这所小镇第二初级中学。甬道的入口有短暂的昏暗，但很快光线全面地撒下来，耀眼又安静，头顶彩色小旗帜又突兀又艳丽。升国旗的地方还是原地，教学楼没有改变。还有我曾经有气无力懒洋洋地打扫卫生较差的厕所。是的，不叫卫生间也不叫洗手间，赫赫然叫厕所。它一点也没有变。当时那么老旧，现在仍然这么老旧，我会有一点点怀疑，是否我转身回去，就变成了初中学生。

我继续往前走。墙面胡乱涂画的符号和粉笔笔迹，几乎没有中学能够独善其身。

终于还是面对了最大的变化。

那颗巨大的合欢树不见了。它与教学楼齐平，庞大，枝繁叶茂，需要仰望。在我上音乐课的时候，看见它，上化学课物理课语文课英语课的时候，看见它。在我闹事被班主任体罚罚跪的时候，看见过它。啊，这段记忆几乎惊讶到我了。我也不是直接变成现在沉默苍白的文艺青年或一个抒情作家的。

膝盖痛的感觉瞬间密密麻麻扑到骨头上。

一度，我觉得它的高度和枝叶延伸着，就要透过窗户，生长到教室里来。我迷恋它像是达·芬奇迷恋蒙娜丽莎的微笑。我见到它最后一眼是冬天。它骄傲又洁净，如同雪国之王那样，失去树叶冠冕，却威严又安定。后来它被砍倒，告别这个世界。校方以妨碍风水占据空间为理由。

我努力回想我曾经上课过的教室，却一点也想不起来。

我只记得一个胖子捉弄我，我翻起板凳砸他，后来他绵绵无休报复骚扰我的初中生涯。犹如阴魂。

向前再一百米，站在布告栏前，看见上面说就要期末考试了。布告栏后面的红砖灰墙是五岁时住过的加工厂。厂房后来一直废弃。我与母亲在那里万分艰苦住过小段光景。

然后转头，一个中年大叔，真正的大叔，在三楼上，靠着栏杆冲下面其他说闲话聊天的教师喊话。我听不清楚他在说什么。

因为记忆凝聚又粉碎。

额头光秃秃的大叔是我曾经崇拜的物理老师。那些浓密头发离开他了。

我屏住呼吸，他曾经对我的表扬令我欣喜若狂而最终我考出很垃圾的分数。我总是外强中干地在平时模拟考试成绩不错最终差强人意。哦，差强人意这个名词在这里，我就是要使用成有些差劲勉强满足意愿的意思。那些点过我名字的老师，将这个名字淡化。我逃窜开。不要被他认出。

最后返回操场。操场上的双杠很冷清。

慢慢躺倒在草皮上。逼近中午的天空有太强烈的光线。

我想躺在日光照耀下的草坡上，闭上眼睛，也许永远醒不过来。那化成些微草木也可以。

青春不可返回。我已经走到生命的如今，无论何等悲伤也无可返回。总觉得上课那么漫长老师总是拖堂的青春，永远不再。

而青春存在过的地方，却可以无数次返回。虽然离开，绝不丢弃。

我想永远停顿在一刻。

容我永眠好了，毋须叫我。我闭眼自言自语，喃喃念道。

然而瞬间，听见音乐。无数脚步携带真正的青春之轰鸣接踵而至，汹涌如海潮。

整个地面喧嚣开来。

那是下课铃响起。✦

右手联想

这个下午我看我的右手。

关于赐我腐烂小指的男生。三岁那年幼儿园，他一口咬住我的右手小指。流血，擦干以后继续上课。后来半截小指开始红肿发炎，医院的医生拿出驯良的钳子——对医生来说是驯良工具，但对患者而言是残酷刑具，硬生生夹去我已经腐烂的指甲，清洗伤口上药最后包扎起来。龇牙裂嘴的过程大约是十分钟。但足够一个小朋友仇恨得刻骨铭心。事实上，如此惨痛记忆，现在已经忘记了开端理由。打架？他肚子饿了？他觉得小指容易下口？

关于赐我蓝黑墨点的女生，她就是想和我闲扯讲小话，一个转身，手握钢笔扎中我的右手手背，横遭"行刺"。已经初三的我，已经十三岁的我毫无常识，不知道应该立刻去清洗掉墨迹。结果，墨点被皮肤封存，痊愈之后形同一个微型刺青。十二年后，我端详墨点，眼前闪回当时蓝黑色墨水吻合手背，染指皮肤的细节。

关于赐我蜂蛹一样疤痕的蜡烛。这我承认我纯粹活该。作为留守儿童在停电时候只好玩蜡烛。顺带试验化学课上学到的知识点。将燃烧的蜡烛反扣玻璃杯子，放置于水盆当中，可以观察到氧气减少，二氧化碳增加的表

现。我拿起蜡烛，余温还在，滴落手上。于是在右手食指上端，形成一个丑陋的小疤痕。

关于这累累生命经验的右手——实在难以克制地展开联想。右手还是多数男生成年前的好伙伴。

关于赐我橘皮纹路的减肥过程。大学毕业后日子空虚到顶，和一些人大吃大喝。我把身体当成气球吹，膨胀了三十斤，于是减肥。后来这沉甸甸脂肪被我丢开，迟了。皮肤已经被撑开，纤维断裂，形成永不磨灭的橘皮纹路。

关于额头因为十六岁时候使劲挤出粉刺诞生的凹坑——

这些属于身体的时光印记，太多记忆，人的身体承受许多时光印记，但却是无意义的。当我清楚意识到这一点时，眼底温热起来。很多的意义，原本只是后来我赋予它们的。

小指我赋予它的意义是，生命顽强，伤痛会过去的。连受伤缘由也会多数时间忘记。

墨点我赋予它的意义是，有些人给我伤害也许是无心的。我必须原谅她或他，自己也会舒坦些。

疤痕我赋予它的意义是，一个人总得承担他自己做过的事情的后果，不分好坏。

橘纹我赋予它的意义是，其实我曾那么自暴自弃过……

更多印记沉默着，被身体承载着，等待赋予。抵御孤寂的，融化忧伤的，悼念青春的，就这样长大了——这个下午，我对在地球上存在了四分之一个世纪，并且安顿我灵魂怀念悲喜的身体，轻轻问，你还好么？谢谢你。

因为呼吸而响应的细微震颤，渐渐贯穿全身。

勇敢是悲伤的恩赐

[小学四年级]

小学四年级那年她抓着自己的那张旧课桌，好像最饥饿的骆驼嘴巴里的谷草不可掠夺。全班所有人都换成漂亮的铁桌，只有她的木头桌子残缺不堪，每日硬挺着展览沧桑。那不是荣耀。因为她拿不出二十元的更新费。

她打算如果谁让她放手，她就咬那个人一口。其实没有人来强迫她。语文老师走过她的旁边的时候，面孔上带着犹豫，然后弯腰，轻轻和她说，周周你坐最后一排，你的桌子不用换。她就好像蹬开了地狱里已经伸出的幽灵之手，大汗淋漓接近虚脱。

这一年她十岁。调换到最后一排以后，和她说话的人几乎没有了。她觉得自己像是一堆白色的鸽子里，一只浑身落满炭黑的异类。

有铁桌子的人不屑与旧木桌的人为伍，以及为友。

有的同学经过她，会忽然转头嘀咕一句，烂桌子。

她趴在桌面上，不理会人。她的面孔贴着旧木桌子，可以闻见那些旧年吃过早餐平日墨水浸泡的油污混合灰尘味道。这气味几乎使她窒息，但却是她可以抓住的实体。

她还小，但她觉得自己什么都懂。

歧视无处不在，肤色、财富、地位、地理位置、国度、容貌、生平际遇……皆是理由。

[幼儿园中班]

妈妈的消失是在她上了幼儿园中班后的一个月。那天那个温柔又些微有些漂亮的女教师让孩子们玩游戏。内容是拿筷子夹弹珠。谁在十五分钟里夹得最多，谁就能够得到一块巧克力的奖励。毫无疑问她也想吃到巧克力，因此特别卖力。但是越卖力弹珠越是夹不住，四处蹦跳。就像她后来努力讨好所有人，但他们都藏不住的嫌恶。

她没有拿到冠军所以也没拿到巧克力，她夹了三十颗，这个数字记得清清楚楚。但是冠军夹了四十八颗。尽管女教师在讲台上说，小朋友们这个小游戏只是为了锻炼你们的手腕控制能力。这些她不关心，她只想着那块甜丝丝的巧克力。努力，原来不一定有回报。世界是不公平的。

她看见拿冠军的那个小朋友混着黑褐色的巧克力口水顺着嘴巴角落滑出来，她觉得肚子很饿很饿。她回家没有人做饭。

很久以后爸爸才回来，这个男人很憔悴，是那种提不起愤怒的憔悴。因此她乖乖地沉默了。

五年之后，她很懂事地理解了她的家里发生过什么。

她的妈妈跟爸爸离婚了。虽然他们一直没当着她的面吵架，但是他们无声无息地离婚了。她的爸爸总是和不同的阿姨见面，漂亮的或者不漂亮的。

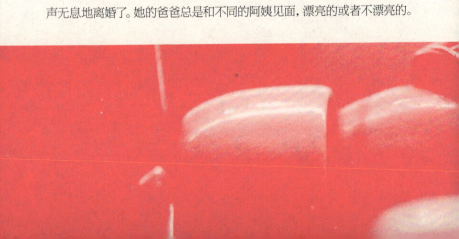

有时候带上她，有时候不带她。

带她是因为懒得做晚饭，顺带解决她的吃饭问题。

不带她，是因为她听见有些阿姨亲口说，怎么还有这么一个小丫头。那些口气软绵绵的，藏着嫌弃。

她很多次看见她爸爸把一些钞票换来的鲜花与小玩意给那些女人。这个时候她爸爸总是笑容满面春风如流。她只是沉默着，尽量让自己不要饿肚子。

这样下去是不行的。说话的是她爷爷。

[中学一年级]

奶奶早就去世了，爷爷接走了她。她开始忘记自己还有一个爸爸，既然这个爸爸常常忘记女儿的存在。

和爷爷一直生活到中学一年级。小学生和中学生最大的差距是，学费从一两百变成了四五百。初中一年级的时候，拿退休金养活自己和她的爷爷也去世了。

她在爷爷去世之后，还是默默的，她也在流泪，但却不是放声大哭。这让大人担心。担心她的大人是姑姑。

一直以来，爷爷的钱只够生活费。爸爸把本该给她当学杂费的钱，花给了那些来路不明的女人。所以她的学费其实是姑姑垫的。

好像，这一年，她唯一可以依靠的亲人，就是姑姑了。她所有的感激都写在日记本里。她甚至构思好了将来长大了，工作了，赚到的第一笔钱一定要给姑姑。至于将来能够做什么，实在是她无法预料的。问题是，姑姑的钱是偷偷给她的。有一天，姑姑给她打电话，她大老远就听见传达室老头的嗓门。这个电话里，姑姑叹气了十几次。说的是，她的儿子升高中了。高中生的开销和中学生又不一样。

她忽然意识到，她最后的依靠也将断绝，她要孤立无援了。回到教室，她一直发呆，发了很久。上完晚自习以后，她还留在教室里不走，以至班长不耐烦地催促，你怎么回事啊，你这个人怎么这么讨厌。难怪没人和你玩，老师都说你平时怪里怪气的。

她出了教室，出教室之前，她几乎是颤抖着说，对不起，对不起。

她看见全校最后的灯光也熄灭了。宿舍那边一片嘈杂，灯火通明，她在操场上走啊走，心里只有一个问题，我为什么要活着？

[一个问题]

那个问题她接连想了好几天，反复的，不可遏制的。最后，一天接近凌晨的时候，她离开宿舍，一个人跑到操场，拿着小小的二手手电筒，还有自己的本子，左面写"要活的理由"，右面写"去死的理由"。自然，她也带上了刀片。

左面写一个，又划掉一个。

右面，写完一个，再添加一个，似乎永无完结。

写完之后，看着这张纸，她觉得全宇宙都要被悲伤笼罩，无所遁形。她哭起来，开始是啜泣，但慢慢变成了号啕，最后，变成了你无法想象的大哭。

假如你见过盛夏里最暴烈的倾盆大雨，那么你一定会理解这个女生痛哭的惨烈。她被全世界遗弃了。

从前她也哭过，不可计算数目。

但这一次，她几乎把灵魂都丢出来，面对面盘点过往，盘点她在这个世界上度过的十四年。她走到悲伤的极值。

好久好久，时间也失去了意义。她听不见外界任何声响，然后，有一个细微的声音对她说："你很惨，非常惨，但你有力量好好活下去！"

[纯粹而勇敢]

这篇文章看起来像个虚构的小说，但却百分之九十九真实。

因为周周存在着，很认真很真实地存在着。她在广州开了家时尚小店，她一直好好生活着。她活到了二十四岁。

十四岁那年的自杀意图，没有能够把她截留在1997年。

在十四岁之前，她几乎不怎么开心地笑，没有朋友，也只依恋爷爷和姑姑。十四岁之后，她变得开朗了，那些排挤、歧视、嘲讽一直都在，但是，她不再惧怕了。她开始了勤工俭学，她开始有了朋友。甚至，有男生开始给她写情书。

她不再想要念大学了。大学并不是一个人唯一的选择。

她后来读了职业高中。学费比较容易负担，并且有时间兼职打工。化妆品的推销员、杂志的业务员，她都做。她可以养活自己了。她还做过端盘子的服务员，站大门的礼仪小姐，等等等等。她有了自己的存款，然后去开了小店，用心经营。

　　二十二岁那年的圣诞节，她请朋友来聚。一众研究生、律师、白领、公务员……她在其中，无自卑亦无骄狂。她的人生越走越清晰，她的灵魂越走也越澄澈透明。她忽然明白当年身边的人，对她的嫌恶了。尽管她极力讨好和装扮乖巧，但她身上弥漫着对这个世界每个人的失望与恨。她的别扭，她的暗暗与世界在较劲。

　　当她谁也不去讨好的时候，朋友们却自然地来到她身边。她是自足的井，渴慕泉水者主动靠近。

　　她想要去学服装设计，她想要去法国巴黎，她努力存学费。此外，她定期给家乡的老爸邮寄一笔钱。知道她的人，都说她是一个奇迹。

　　那么残酷的青春，她却有健康的心，纯粹而勇敢地活着。

[悲伤的恩赐]

　　我们总是不愿意承认自己的人生。

　　我们不承认自己，在幼年，在童年，在少年，在长大以后，在任何一个阶段，其实我们很惨很惨。我们没有人爱，或者我们得到的爱是扭曲的、压抑的、沉重的。

　　我们骗自己，你很好，你很幸福，有很多人爱你。

　　一定要打扮得坚强啊，幸福啊，给他们看。给恨过的，爱过的人看见。最重要的是，给自己看见。但那个住在躯体里的小小灵魂，面孔是苍白的、嘴唇干燥脱皮、两脚虚脱。

我们又不是快乐王子、天使或公主？生来只被宠爱，不染苦痛。

蔡康永说我们又不是红红绿绿的蛋糕？生来要讨人欢喜。

小时候课本上有鲁迅的文章，他说："真正的勇士敢于直面惨淡的人生。"鲁迅也姓周，原名周树人。

周周不过是她的化名，她有最残酷的青春，最惨烈的青春期，现在好端端地在人间。那个夜晚极深的悲伤，她并没有忘记，也无法忘记。那个夜晚她生平第一次拥抱了自己的人生真相，接受了自己的悲伤，她心头冒出那句话时，觉察到的是一种广袤的宁静。

明日复明日，这悲伤与她永在。

勇敢是悲伤的恩赐。✦

白色青春期

我的整个青春期是白色的。

十四岁的高中一年级，在极其老旧破败的教室里，跟同龄人一起上课下课，中午去食堂打饭，晚上回宿舍睡觉。有的男生偷跑出去打电玩，混杂在大众中，我也七嘴八舌瞎扯到入睡。可是，我常常无缘无故就惶恐起来。

天知道未来我是怎么样的，我的成绩不好不坏，我的人缘不好不坏，我的脾气莫名其妙。

我不知道别人是怎么样的，我问别的同学，他们的回答很简单，考大学，或者考不上大学找事情做，再者就玩几年再说。

这种答案无法使我满意。我要寻找另外的答案，我看书，什么都看。从武侠到言情从古文到哲学从诗歌到小说，我顿时又混乱了。每本书都有道理，各说各话各腔各调。更加迷茫。

有一天我在旧书摊看中了一本散文集，名字叫《有一首歌》。

那书看完，我就痴了。办黑板报也引用，写作文也引用，聊天也引用。当做珍宝。连带那书的作者，全部的作品，也收集齐全读了又读。

整个胸口有一种饱足的感觉洋溢着，满满的，填补了巨大的沟壑般空

154

虚。

读大学后，来到更大的城市，千百倍数量的读物，浩瀚海洋，我渐渐觉得，作为中学生的我，真是肤浅啊！居然喜欢那种东西，那种作家写的那种玩意儿。

每一种著作都是人类群星闪耀，每一个名字都是璀璨光芒夺目。迷宫似的图书馆里，大部头著作极其高深，挑战心炽热无比，照啃不误。

再接着，那些高高在上的报刊，印刷上自己的名字。我也学会了嬉笑怒骂挥斥方遒，批评这书赞美那书。佶屈聱牙的术语我比谁都会玩，踌躇满志。

再接着，大学毕业了，有自己的书了，写更多的文章了，做编辑了，昔日仰慕都到眼前来，所喜所好越加挑剔。

再后来，该经历过的多多少少都经历了。去很多的地方，吃不同的东西，见不同的人。痛哭忏悔忧郁悲伤喜悦愕然，不满委屈愤怒沮丧绝望统统一个不少。我看这个世界不顺眼，世界看我也是冷眼残酷。

再后来，……

十年过去了。

十五年过去了。

有一天，走在空阔安静的人行道上回家，偶然站在一棵顺应季节葱郁绿意的树下，忽然想起了那本书了。书不知道丢哪里了，一旦失去再也找不到了。很想念它，但无论如何找不回那本了。

我开始想起来书里的一些句子了。那些句子简单上口，我沿着路途小声念诵。

"你知道，你是谁？"

"你知道，华年如水……"

这一刹那，那本书仿佛蜂蜜与盐，融化在心的湖泊中。

我挚爱过的作家和她写的书，我一度轻视鄙夷的肤浅，我最后又重复回到了喜欢的原点。然后我举一反三以此类推，整个世界，仿佛重新诞生。这个世界的色彩、气味、声音，都化入了光阴。我与世界，和平共处了。

只不过，巨蟹座男生变成了巨蟹座大叔。朋友都说，我是个很好的人，是个典型的巨蟹座，温柔恋家怀旧重感情。

大概、也许、或者、可能是。

我的青春期仍然是白色的。一直都是。

我失去了过去的我，成为了现在的我，但我永远记得那个苍白脸色，无限惶恐，焦躁不安，想要在内心安放什么的我。

我长大了，我知道我是谁了。所有经过我的人，我经历的事，教会了我。

我觉得重要的，那就是重要的。我喜欢的，那就是值得我喜欢的。

我要温柔善待的，是值得温柔善待的。我要过的人生，我必付出心力去实现。

我热爱现在的我。我很希望你与我完全明白对方的心境，但我只能说这么多，因为语言的能力有限。

现在的你知道吗？你是谁？你最终一定会知道的。◆

再见以后

当我告别了我逝去的曾祖母，不是在当时，而是在很多年后。有一天我忽然想起她，想起她蹒跚着小脚，塞给我一筒油纸风味饼。那是一种非常朴素的地方小吃，后来她离开这个世界了。我一直不觉得那种食物很好吃。那天想起来，是因为我居然在家乐福买了一罐这种饼干，很久才吃完。我不会忘记这种饼，但我也知道曾祖母永远走掉了。

当我有一天忽然听说初恋结婚。我不想听到，但还是得知了。

看着对方幸福的合影照片，闭上眼睛的时刻，时光真切是在倒流。往昔的画面，种种都历历在目，然后，然后也仅此而已。

当我大学毕业，旧的矮小的图书馆拆除，新的双子超级高楼图书馆建立。图书馆后面的数十年腊梅树，砍掉，不知所终。

我一直记得，大一的一个午后，带着书包课本当枕头，嗅着花香，凝视树杈缝隙泄露的日光，发呆了许久。

我生活在大学林立的城市，前后左右都是大学生，他们唱歌，他们滑板，他们拥挤庆祝圣诞节，他们开学，他们放假。当我失去了我的青春，青春却无处不在。

我一直记得，有一个暑假，学生走掉太多，我坐的538路公共汽车坐到终点倒数第三站，就只剩下了司机和我。

当我工作的第一份杂志停办，在时代的浪潮中，不再按照我们的理想和品味办下去，而是变成一本空洞的时尚杂志，我和一群同事不得不失望离开。

我永远记得，在那家杂志社最后的时光，我们在一栋附属的玻璃房子办公，桌子上爬满密集的蚂蚁。

而那本杂志，曾经是中国第一本普及心理学的杂志。它帮助无数人度过心的困惑悲伤期，有一天，轮到它的编辑们自己。

如何是好？我曾经问过我的主编这个问题。

我们学过充足的理论，我们与顶尖的专家为伍，我们见识了热线电话里千奇百怪惨烈到发指的人间境界。我们写无数文章指引人，开解人，辅导人，而我们自己如何面对自己的苦厄悲伤？

后来，我自己思索，渐渐得到答案。我们修习自己，提升自己，强大自己，并不是为了成为一个拒绝悲伤，不再疼痛的人，即便再见摆在眼前，也面不改色。我们不是为了成为麻木的人，不是为了成为躲避痛苦的人。

而是为了成为一个敢于面对告别的人。成为认真而难过地说过再见，再继续好好生活的人。

生命、爱情、青春、事业……我一再告别。每一次告别，我依然沮丧难过。每一次怀念起来，我无限眷念。

然而，我仍然向前走下去，被感动而痛哭，被欺骗而愤怒，被伤害而萎靡，被激励而振作。

然后继续写作，出书，读书，看电影，觅食，逛街，约朋友谈心，旅行，继续成长。也继续分手，颈椎病，低落，错过最佳再度置业机会懊恼万分。也继续爆发小宇宙创作长篇，编书，康复运动和锻炼。不断告别，然后重新启程。

2010年1月美剧《丑女贝蒂》播到第四季第十一集，贝蒂跟男友要分别，写了一篇感怀文章。当然，那其实是编剧的手笔，足够简练，足够使我共鸣，因此我抄录引用。我确定，你与我，一生都适用。

"我总不愿意说再见，似乎每个人都这样，但我们不得不说再见。因为人生总有许多时候必须告别。无论我们经历多少次痛苦的分开，哪怕是为了对方好而分开，这依然令人沮丧。"

"虽然我们永远都不会忘记我们所放弃的，但我们却依然要继续前进。我们不能总活在害怕说再见的阴影里，因为生活里永远都会有再见。"

"请记得，诀窍是，把再见当做一个好的开始，在我们重新启程时。"

　　还记得当年毕业后，第一次回家的时候，大家一起围着大桌子坐下，我积蓄了许久的问题全部冒出来。问题是对老妈问的。

　　"老妈，大学一年级开学的时候，都是你帮我买齐全部的日常生活用品，让我打包带上，现在怎么这么懒惰了？都不帮我买了。"

　　"老妈，我以前过节不回来，你总是要给我邮寄饺子啊、月饼啊、衣服啊什么的，为什么现在却没有了？为什么连电话都少了，从以前的一周一次，到每月一次，最后是一学期才打两次电话，一个是到学校的，一个是回家前的。"

　　……

　　我一句一句地质问，理直气壮，还带着抱怨。

　　老妈抬头一笑，问道："那，离开了老妈，一个人生活，过得下去么？过得还好么？"

　　我一下子又得意了起来："当然过得下去，而且过得还很不错。"

　　我现在所有的事情都自己做，不再遇到事情就急，一出问题就找人帮忙了。我的文章发表很多，拿了许多稿费当零用钱，再不用向家里要钱了。我胆子现在特大，找工作的时候一个人找到用人单位，一个人出来闯荡呀! 对，就跟电视里一样，独闯江湖……越说越是得意。

老妈看着我笑，一句话也不说。笑完了，又怔怔地看着我，无比怜爱。

我的话戛然而止，我忽然说不下去了，我感觉自己心里一酸。

想了许久都没有答案的问题，我在一刹那明白了。

无数个为什么，原来都只有一个答案。

这是一个母亲对自己孩子的一份真正的爱。

她要用多少个日夜，才能够收藏起自己的思念，才能够锻炼出自己的淡然，才能够不去天天打电话给孩子，也才能够让儿子独立，从而不让孩子仍然依赖着她，仍然长不大，才能够让自己，不再用母爱去束缚住孩子的翅膀。

那么多年，在她膝下那个乖顺的小孩子，是怎么样长大的? 又是怎么样学会坚强与自立? 并且学会一个人去走人生的路，再也无所畏惧? 而她自己，是怎么习惯小孩离开自己四年的不适应，以及从此以后孩子志在四方一去更加遥远的离别? 但很多父亲母亲是另外的做法——把孩子圈在身边，隔着千万里仍然像没长大一样照顾着，让孩子日渐失去活泼的成长机会。那种带着些微自私的亲情，让多少的孩子虽然有翅膀，却总是无法去海阔天空地飞。

谢谢母亲，感谢她为我所做的，伟大的放手。而这一切，只是为了她的孩子，能够翅膀更加硬朗，能够飞得更加遥远更加高。那是一种更加悠远而深沉的母爱。◆

　　老爸从广州打电话来。天气预报，你这边的天气要降到多少度，某某寒流马上要到了。

　　他问："衣服穿够了没有？"

　　太习惯他的斩钉截铁的问题，当然也就习惯地，用老套路来敷衍掉。

　　"够了，我穿了好多的衣服。"

　　"这就好，一有大的温差变化，就多穿点衣服。是你妈妈要我叮嘱你的。"

　　我有点烦了，唠叨的老妈，连带老爸也唠叨了。就抗拒地回答：有，当然有。我又不是小孩了。当然记得要多穿衣服。把手机放在口袋里，去赶公交车。

　　事实上，我确实是没有穿够衣服，丢三落四马虎惯了。

　　我在公交车上，风一吹立刻有点头晕，涨涨的，鼻子开始堵塞。手机再次响了，"喂。"讲话的时候，我鼻子的声音立刻传了过去。那么的细微，还是被察觉了。

　　"你看，不听话，没加够衣服。还跟小时候一样，听不进去。"

我还在狡辩："鼻炎又犯了！所以鼻子有鼻音，不是感冒！"

"晚上给我回个电话，做好保暖，不要偷工减料。"

我忍不住笑了，老爸说话，活活就是当年做小领导的口气，命令似的，不容违抗。

我无奈地答应着。

关上手机的时候，确实有点着凉，我忍不住打了个哆嗦，一个喷嚏。

老爸啊，谁的老爸没有一双世界上最敏锐的耳朵。自己的孩子在什么地方，那个地方的温度，他们必定是最精确掌握的人。就算他看不见，他也可以听得出来。◆

　　他是一家之主。每一次回家，他最喜欢说的一句话是：不要烦我了，我已经工作很累。今天也一样。于是妻子安静地做饭去了。几个孩子看见他回来的时候，一个一个轮流叫过一声爸爸，然后纷纷跑开，自顾自地玩耍去了。

　　他劳苦了每一天。他想，自己是一个非常有责任的父亲。他板着脸坐小椅子上，不知道该做什么。他已经忘却如何说一个笑话，他也不会去扮鬼脸。孩子们在一边自己玩得很开心，没有去理睬他。妻子做好饭菜准备好会叫他的。这样一个幸福的家庭，这样一个幸福的画面，还有什么不满足？他应该是非常非常满足了。

　　可是，一种很空乏很寂寞的感觉，升了起来，在他的胸口回荡。在他回到自己的家以后，却发现，他用所有的一切，所撑起的一个充满甜美欢笑的家，与他居然如此保持着距离。不，这种距离不是刻意制造的，没有亲人喜欢距离。但，确实存在。

　　我们无比相信，成年以后，那些小小的孩子，会对他们的父亲无比的爱戴、感激与尊敬，因为他的心血与付出巨大。

　　只是现在这一刻，孩子们在母亲那里嬉闹着，在温暖的怀抱里笑着。米

饭端了上来，雪白的鲫鱼汤飘着鲜美的气味，小炒菜散发着诱人的光泽。那是一种甜而温暖的氛围，他就站在其中，却格格不入。甚至没有人注意到他默默吃完饭，回到卧室的时候，眼角有潮湿的痕迹。是谁的错，应该怪谁？

　　他什么都没有去追究。只是，只是在下一次回家的时候，他做了一个小小的改变。门打开的时候，他张开怀抱，微笑着，对所有人说：爸爸回来了。大家都过来，让我抱一下。

温暖永远在背后

父爱，是这样一种爱。它很温暖，永远在你的背后弥漫开来。

那是很小的时候，冬天，肠炎来犯。一晚上煎熬，严重脱水。

第二天早上，天蒙蒙亮，老爸骑着那辆单车，我在后座上，裹得严实，慢慢悠悠到中心医院。母亲怀我的时候营养不良，于是落下体弱的毛病。我自己都厌烦了三天两头犯病。

食物不干净的缘故，医生冰冷地说。于是安排好整整两大瓶点滴。看见就叫人发冷。精神很差，也懒得说话，药水，一点一滴经过手背的血脉，走遍全身，手都冻肿了，全身被一股子寒气罩着。在医院的床上昏沉沉地睡觉。

老爸出去买盒饭去了，一刹那我有点恐慌。

老爸带回来的食物很香，但我吃了几口，真的是没胃口。还是睡觉养神吧！下午，又是两瓶子。

换药什么，都有老爸照顾着。我安心地昏昏迷糊着，意识也模糊了。

渐渐似乎做梦了。觉得身体渐渐温暖，就好像抱着热水袋，在被窝里，很惬意地等待入睡。

可是，我是在冰冷的医院。医院充满药水的棉被，散发着刺鼻的味道。

我半盖着被子，脑袋里意识却很是繁多，我会不会又感冒了？现在我是在冰冷的医院，输着冰冷的药水，怎么会感觉身体在发热？

醒来的时候，一个护士来换药水。可以确定，我是精神在复苏，发热也不像是感冒的发热。而是很舒服，恢复正常的感觉。

大瓶子点滴，老爸在输液之前，把药水在热水里温热。一向木讷的老爸居然如此细心？冬天，冰冷的药水平白进入身体，本来病着就虚弱，怎么受得了。

两瓶子消炎水混杂的葡萄糖，带着温暖，流遍全身。

晚上恢复得差不多，老爸奔赴来回医院的各个部门，开了药丸带回去巩固效果。

路灯亮起的时候，还是那辆老单车，确实很老，但保养得不错。人群来往迅疾，但老爸的骑车姿势，永是稳妥。拐弯，穿过巷子，长长的街道路上，我分明听见老爸在一边嘀咕："那护士怎么下午才说，早先要是知道有这法子就好了。就不用受罪了。"

他以为我在车上睡着了，他从来不在我面前嘀咕。他刚才是自言自语。但我闭着眼睛，听得一清二楚。他那件大衣照旧把我裹得严实。

长长的街道走完，再拐弯，到家。母亲已经做好饭菜等待许久，一见面就手忙脚乱的。父亲照旧沉默地坐到饭桌前，这时候用不上他了。他已经安心倒他的小酒去了。

我忽然对父亲有了别样的，切身刻骨的感受。

父爱，或许是这样一种爱。

它很温暖，但不喜欢显山露水，永远在你的背后弥漫开来。

Chapter
06

掌声响给所有人

小觉是我幼年的好友，我们都爱看书，还常常在一起相互回味讲述看过的故事。

他家不宽裕，他极少买书，常常去同学家蹭书看。跟我玩得熟了，就大半时间来我家蹭书看。我父母很舍得花钱给我买书，家里各种报刊图书储量不少。

那次，有本契诃夫的《儿童集》，看到一小半，天黑了他要回家，想借回家慢慢看。但我担心他把书弄坏了弄脏了，他恳求了两次，我犹豫后还是拒绝。最后他气呼呼回家，再也没跟我说话，一直到我搬家迁居，与他失去联系。

许多年过去，我们意外重逢。往日的小孩子都长大了，怨恨都淡忘了，聊天提起往事，我想不到，他还记得这件小事。

他无比惆怅地说，"那时我想，不要紧，等我专心功课不看闲书，努力考大学找份好工作赚钱，我会把这些书一本本都买回来，尽情看！我还赌气，以后我家要有一套大书房来放书，跟你家一样。然后每天睡在书堆里，吃饭也在书堆里。"

我带着歉意笑了："这个愿望很美好啊！你现在实现了吧！小时候真是不好意思呀！你别花钱买，我送书你看。我家别的不多，书最多。"

他摇头："先谢谢你了。我家也没搞什么书房。"

我有点吃惊，反问："为什么啊？"

他语气惋惜地说："我现在很少看书，就只在机场、火车站的书店顺手翻翻。但是这些书我翻着翻着就犯困，也没有买回家的兴趣。如果在十几年前，我一定看得很快活，再多也看不腻。过了那个阶段，我心杂了，静不了，又不像你，是做这行的。"

他只是遗憾，并没有对我如何抱怨，我却很难过。

小时候的拒绝，就这样埋没了他的一份热爱。那本旧书《儿童集》还留在我的书架上静寂沉默，当年他读到一半的折痕尚在，时光匆匆过去多年。爱读书的少年，如今已经不读书。

旧书不过是旧书，被什么人读，在什么时候被读到，另有一种滋味。时空转移，人的心境也变迁了。

与他重逢之后，我仍然大量买书读书，读过的旧书，除了特别有纪念意义的，其他书我看完即赠，几十上百本送出去，赠给完全不认识的读者、学生，赠给友人……只要我有书可赠，我挺愿意赠给任何在当下想读书的人。

靴子女生以前酷爱登山鞋，用褐色皮革打造的那种。她喜欢的衣服也是黑色和灰色的外套与牛仔裤。这样说的意思是，靴子女生的打扮不是按照一个女生的标准来的，二十八岁的她像个男生。当然了，因为她实在不像女性应该有的打扮，所以，一直没有合适的对象结婚。所以每次当靴子女生出现在我们面前，我们就要拼命地指责她。我们有强烈的改造愿望，于是许多次，我们拖着靴子女生去精品店，从女士装看到淑女柜，最后改变的，是一同去做参考的另外一个女生。

靴子女生顽固地站在跑鞋、运动裤、水壶和帐篷柜台前。好吧，我们对她绝望了，彻底放弃。

一年后，注意，是一年后，靴子女生恋爱了。

像男生一样口味爱好的靴子女生恋爱了，我们怀抱着无比的希望。据说爱情是伟大的，力量是无穷的，相信一定可以改变靴子女生。我们失落的强烈的改造愿望，呈现出欣欣向荣的草绿色。

一天，又一天，又是一天。再是一天。

半年过去。

靴子女生去约会,去见对方的家长,以及去不断相亲,仍然是,毫无改进。

我们的上帝呀!我们认为,没有机会和动力改变了。

就在一个早晨。我们忽然看见穿牛仔裤和跑鞋的她穿上了靴子。

毫无预兆,忽然而来。

靴子女生秀她的女人味道十足的裤子和靴子给我们看。

我们看得又惊又喜。关我们什么事情嘛!干吗那么惊讶喜悦呢!可是,看见事情往不错的方向发展,到底还是值得高兴的啊!

所以,我们好奇地请她交代,是什么动机,什么动机让她这么做?

靴子女生说,加班到很晚回去,觉得好用功上班,为什么生活这样子呢?靴子女生还说,昨天去邮局邮寄一个小东西,居然花了好几十,简直是讹诈。所以她愤怒了,人生这样辛苦,她觉得实在应该对自己好一点,于是去买了漂亮衣服。

这就是答案。

渐渐地她变成了一个很有女人味道的女人。后来她结婚了,嫁给了一个医生,生活很幸福。

发觉要对自己好一点的时候,什么奇迹都会发生。

掌声响给所有人

和一个出国回来的朋友见面，他离开有好些年了。回来看着改变的家乡，啧啧感叹。我请他去看本地特色的话剧节目。

晚上八点开始，事前买好各种食物。

表演是大杂烩，分几拨演员。不同组的演员，节目也不同。有的很逗乐好玩，有的差强人意，有的就不怎么精彩。

我跟他一边聊天一边看，我说群众的眼睛是雪亮的，你看，精彩的节目掌声如雷，比较精彩的也很热烈，不精彩的，都没人鼓掌。听掌声，演员们就知道自己表演得怎么样了。

朋友却很奇怪，明明第三次登场的剧目不怎么好看，他仍然热烈地鼓掌。演员们似乎自己也知道，迅速表演完就退场。剧场里稀疏的安慰性质的掌声里，他的鼓掌声音最大。

我开玩笑，你不会是出国久了，审美观念都和我们不一样了吧！

他笑了，然后说，怎么会，我这里是地道的中国心呢！他指了指胸口。

我困惑地问，那你还那么使劲那么热情地为烂节目鼓掌？

他解释道，我在美国生活的时间里，也看过不少的表演。也是一样，有的很棒，有的很烂。最初我发现很奇怪，水平差距不同的演出，结束的时候，观众所报以的掌声居然同样的热烈。后来我问身边的一个观众，原来，不管表演如何，他们都会为努力的人鼓掌。

我好奇心被提起来，饶有兴趣地问，那是为什么呢？他抖出包袱：只有一个小小的区别，那就是，真正精彩的演出啊，观众往往是站起来鼓掌的。

不管表演如何，他们都会为努力的人鼓掌。✦

他的网络名字叫长颈兔子，他参加所有群体户外活动的时候，都背包。他的习惯性动作是拿着一瓶子矿泉水敲打别人的头，多数时候力道是很轻的，因为他也不想犯暴力伤人罪。

长颈兔子第一次聚会的时候，携带了一本《心经》。

在广场上等其他人的过程里，超级无聊，于是一起研究心经。一群人最大的也才二十多岁嘛！那么奥妙的佛经，谁看得懂啊！不过有事可干，总比干巴巴坐着好。

长颈兔子第二次聚会的时候，带了一本心理测试书，里面堆砌了好多测试。测试性格测试情感测试婚姻家庭事业学业钱运等等等等。一群人围绕着他，他念完问题，各自回答。他再念答案。

一群人做测试做得不亦乐乎。于是，我隐约有了一个小小的预感。

第三次聚会，果然，长颈兔子又带了一本书。这次，是一本外国漫画《找死的兔子》。这次我们的聚会主题是在森林公园帮天秤座的人过生日。

漫长的路途中间，我找他借书，单独岔开，一个人乘坐旅游巴士抵达目的地，我拿着长颈兔子的漫画书，看得津津有味。啊，原谅我使用了小学生作文最爱的一个词语，津津有味。

是呵，好味道让人流口水。这个词语的原始含义就是这样的。

关于那本漫画，那是一只千方百计找新鲜花样自杀的兔子。

很久没有这样读书了，读着别人携带的书。

书非借不能读……这是地球真理。

长颈兔子才上大一。我已经大学毕业了，并且工作了，并且不再工作了。

我读很多很多的书，但是，第一次对读书，产生期待。我开始期待聚会，因为我知道了，长颈兔子有带书的习惯。

我开始期待长颈兔子带的书。我不知道他下一本带的书是什么。我热切盼望着兔子的书，就像是盼望小时候忽然收到的不具名书信，无记录礼物，以及未预备之陌生客人。

我变成了巴甫洛夫的狗，形成了生物学研究案例所说的条件反射。但其实，《小王子》里狐狸也说，你必须约定一个时间出现，这样，才会有关于幸福的期待，才会准备好心情，以及激动的一刻。

人和动物也许都一样，怎么进化，还是按照基本规律开始。狗对巴甫洛夫给它的骨头，该是多么的欣喜与期待？一个人的一种小习惯，漫不经心会成为另外一个人的期待。这期待是微小隐蔽的契约。

那些小小的欢喜，就这样涌现，走在路上，我会一个人发笑。我会幻想下一本源自长颈兔子的书，该是什么样的？

我是不会让兔子知道这一点的。◆

两个主唱

某个中午二十岁的S跟我在体育学院的门口地面上坐下，闲扯胡聊。我说我好胆怯，我总是不敢跟老板说我想要辞职。他一脸纠结，根本不关心也不劝慰我。他自言自语为什么为什么有那么多痘? 面孔胸口手臂还有脖子……虽然他很勤奋用功地做面膜，清洁皮肤，尝试各种去痘的化妆品，还是不能够阻止痘的蔓延。那是一种带着宿命性质的蔓延。

S的面孔是充满了陨石坑的星球表面，以青春的名义长痘不是他一个人的烦恼。S说他早上起来照镜子，大喊一声，天啊，我好勇敢，长这么多痘痘还敢照镜子。

我就开始笑。S继续说，然后他去上课，遇见一个女同学L，女同学认真地看着他说，你怎么现在才来上课，就要点名了。S看着女同学，忽然再次大喊起来，天啊，L，你好勇敢，我长这么多痘痘你还敢正面看着我超过半分钟。

我趴在草皮上略微抽搐了半分钟，然后恢复了正常。我对他说，原来，我也是很勇敢的人。

他说，当然，你很勇敢好不好?

我说，你好扭曲啊！

S很认真地反问，难道扭曲不好么？

是看见每天所有的人都用两只脚走路上班比较有意思，还是忽然有个人拿手走路比较吸引人注意？

是二手玫瑰乐队里那个叫梁龙的总是反串女人的家伙被记得住，还是其他队员被记得住？

是《重庆森林》跟肥皂对话问它怎么那么瘦问毛巾为什么要哭得那么厉害的梁朝伟让女性更加心动呢，还是《东成西就》里香肠一样肿大着嘴巴打破形象的他更加鲜明？

是发疯了一样去帮助别人的天使艾美丽可爱，还是只关心自己和男朋友的普通少女打动人？是得了白血病的韩国电视剧女主角比较赚到眼泪，还是大欢喜团圆结局相安无事的男女主角赢得市场？

是流水线上完好的机器猫你想要，还是作为残次品的多啦A梦你比较中意？

我们讨厌老鼠但是热爱变异扭曲的米老鼠，我们歧视乌龟但是崇拜基因突变的忍者神龟。还有一直风靡一直风靡的变形金刚……

所有打动了我们的都是扭曲的人和东西，还有他们身上发生的扭曲的故事，都散发着扭曲的味道。都与正常人不一样。好吧，我说我辞职不做上班族了。S说，太好了。我说，我们去玩乐队了，我们不要写作了。他说，太好了。我说，我们的乐队就叫扭味乐队。S说，太好了。我说，你会打鼓还是会吉他还是键盘手？

S说，我只会主唱。

我说，我也是。

我们又开始莫名其妙地大笑。

我们可以两个主唱，其他一概不要啊。

我说我这样好扭曲，S说，我也是。

如果我们没有这样一点点的扭曲，我们和世界上的其他人有什么区别呢？我们一样吃饭睡觉去卫生间还有交朋友谈恋爱看电影上学放学……那我们干吗还要一个接一个一天又一天，假装很有意思地在地球上活着！ ✦

爱后动物沉默

大三那年我认识一个女孩，其貌不扬。其实我是因为认识她喜欢的那个男生，我们是好哥们，间接知道她的存在。

有一天夜晚，我被电话铃声吵醒，朦朦胧胧接了电话，听见哭声。我慌了，喂喂喂，妹子你怎么了？那或许是我的小半生里听到过的最凄惨悲哀的哭泣，近乎陷入绝境的嚎啕。她说她那么爱他，爱得无以复加，愿意为他做任何事情，洗衣服洗袜子洗内裤，帮他当枪手写论文，利用自己在校报副刊做编辑的职务，给他发表文章，只要他愿意跟她交往下去。

很遗憾，这女生还是没能得到她想要的。我也是男生，男生那点小心思谁不明白？男生虚荣心严重，生物本能荷尔蒙青春期尤其发挥影响作用，不够漂亮的女孩带出去没有面子，面对面不能赏心悦目。

后来我们毕业，她喜欢的男生，我那个挺无耻的哥们在南方定居，她去了北京，我留在武汉。他们断绝联系。

转眼七年，我去北京旅行，再会这个女生。嗯，我怎么好意思提起那个名字那个人呢？所以我们聊工作聊文学聊人生，聊那顿饭吃什么好。

离开的时候，在北京西站她匆匆忙忙赶来送我，我们就在车站对面的永

和豆浆店吃了一点东西。

终于，她还是忍不住问，你知道某某现在如何吗？我说，某某啊，混得挺好，还是那么邋遢，那么有志青年勤奋上进精明能干。我如实说。然后她沉默。

多年后再见，她会化妆了，她穿戴得体了，她看起来也外貌精致了。

然而你知道青春是什么意思吗？你知道年少之爱是什么意思吗？

是残酷，是轻视，是罔顾一个人和狂热另外一个人，是不屑灵魂之美，是拙劣，是无疾而终，是决绝，是痛哭流涕，是告别，是近乎毁灭的求爱与求之不得，愤怒至极。

其实，那个男孩曾经也问过我，关于她的下落。

我反问他，你自己怎么不去联系她呢？世界有多大啊，她有正当职业，在中国的首都，不是什么冷僻角落或大洋彼岸。你随便打个电话去她公司，就找得到她了。如果你真的还想寻回那个曾经深爱你的女生。

然后他沉默，岔开话题。我痛骂这男生，骂得狗血淋头，你这家伙不就是回忆中得到一点补偿，有个女孩这么痴迷过自己，还是很能心理满足。你根本不喜欢她，少他妈矫情了。

我也有我的故事，我的故事跟他们也差不多。世间的故事不外乎如此。逮到了机会，我可以拿别人的故事出自己的气，不骂白不骂，我不亦乐乎。

许多年后，人海里漂流，你我他她，不得不走到沉默境界。大学还是大学，星空还是星空，风照旧吹不停，我们变成另外一种我们。即便再见，也不敢有什么作为。除了沉默，就是眼泪。有句歌词写的是爱后动物伤感，人类本是高等动物，人生本就如此，倾尽所有去爱，爱过，最后沉默。 ◆

他今天确实非常的不幸。

上班的时候出错了，他的老总把他恶狠狠批评了一顿，简直是漫天风雨。他是个员工，当然只有忍气吞声的份。出门的时候，又忘记了拿钥匙，他重新回公司，因为停电检修，往常坐三分钟的电梯就可以上的高楼，现在他爬了十几分钟，满头大汗，淋漓而下。

再次出门等车。但是天气慢慢地阴沉了。是这个城市夏天的暴雨来临前奏。终于等到最后一趟班车，雨已经下来，把他淋了个透湿。

这个时候，妻子打他的电话。是说他们的小儿子非常不听话，今天做了坏事，老师要求家长出面，到学校去。当然，这个家长除了他没有别人。火气腾上他的心间，他发狠一定要好好教训儿子。

上了车，没有想到遇到更加糟糕的问题。

他的钱包又忘记带了。拿钥匙的时候东翻西找，肯定是随手放到抽屉里了。这个时候他才想起来，已经太晚了。他摸了摸口袋，只有一块钱的硬币。车票是两块钱。再下车？就回不了家了，而且外面的雨不小。

他请求司机："通融一下，我确实是忘记带钱包了！"偏偏他遇到的是本

地的最一丝不苟的司机，司机说："又是想占小便宜的乘客。"

这真是冤枉，他从来是好好市民，做什么都按规范来。这样一次的无意，就背负上了恶名。他也火了。于是火药味四处弥漫开来。他把今天所有使他不幸的人，全部骂了一边。还有，他记得一定要好好惩罚儿子，他工作这样艰辛，生活这样卑微，为什么还让他如此操心？

一声响亮的叮当，发生在自动投币机里。一个大学生模样的女孩微笑着说："师傅，我帮他出这块钱。大家都不要吵了，好吗？"

于是，大家都安静了。司机似乎有点愧疚，沉默了不说话，顾着开车。他也有点羞愧，自己怎么忽然表现得这样出格。他连谢谢都不好意思说出口，只是感激地冲女孩一笑。路途上，车厢里只有外面雨水敲打窗户的声音。

暴雨拖延了大约十分钟才到站，却一反常态，没有人抱怨。

下车的时候，雨下小了。他心平气和地回家，敲门，"我回来了。"

他的儿子已经胆怯地等在客厅里，等着父亲意料之中的责骂和教训。但是他的想法已经烟消云散。他微笑着，拍拍儿子的头，说："还不去洗洗手，准备开饭了。爸爸都饿了。"

儿子欢呼雀跃地去收拾饭桌。小孩子不会知道，他的父亲今天没有暴躁地发脾气，是因为他在路上收到了一份来自别人的小礼物。是的，是一份陌生人的善意，为他解围。虽然只有小小的一元硬币。这使他原本干涩的内心忽然变得柔软晶莹。

而那个人，他可能再不会见到，也不认识。但是，他相信了，这个人世间，只要有一份善意，就会有一份冰雪的融化，只要有爱的传递，就会有责怨的消减。◆

我有个朋友，是死党。在最年轻时。后来在一个城市，隔着不远。各自做各自的事情。年月渐深，彼此见面说话，日渐无趣。

他的工作搭档，也说，发现他这人和别人难相处，脾气是又坏又臭了。我点头附和，记忆却飘远：不过啊，呵呵，以前他不是这样的。我还记得那个时候他还小，拿着木头棍子在土坡上，如同高手在山峰上对垒、比武。

读书时候，我还帮他代写情书，却又故意恶作剧搞破坏，算定他不会看。结果他追到手的女孩老逼问他，你真的有狐臭，冬天才发作？他便呵呵傻笑。

我说的时候，他坐在他的皮椅子上，习惯性地转来转去。像一个地道的庸俗小老板。

他就那样愣住了，忽然地愣住。然后，我们久坐而默默无语。

再次去他在二十二层高的写字间拜访，恰巧没别的人在场。他跳起来捶我，说："为什么当时陷害我呀！"我抄起报纸就恶狠狠拍他的脑袋。

客户按响门铃，客人走进来，客人看见的，是面孔表情严肃的两个人。他说："请坐，我和一个朋友要谈点事情，马上谈完就跟您谈。"

送我到电梯口，他做了一个熟悉而滑稽的手势。一丝笑爬上我在更多场合僵硬的表情。

他，甚至我或任何一个人，现在看着很可恶很坏的家伙，其实并不是很小就如此。

成年谋事后一度面目可憎的人，多年前一样曾经的言语干净，坦诚可亲，更小的时候，也是眼睛汽水一样透亮的少年。

如果有人跟他提到：以前你还小的时候啊……那个霸道，野心勃勃且无趣的人，那一刻他的心肠也会温和亲切。

讨厌一个人，往往因为不知道他也曾经小而可爱过。有什么可以唤醒一个人温暖美好的一面? 去找回和帮助他找回，遗失在时间里的幼年模样吧! ◆

Chapter
07

夏日歌颂者

有一天，有个人好奇地问我，沈嘉柯，为什么你总是写夏天，总是让小说出现夏日呢？是哦，这是个严肃的问题。

为什么不是夏天呢？

夏天，是最适合爱情的季节呀！还有就是，我出生在初夏啊！所以，我会是一个彻底的夏日歌颂者。

适合爱情开始的夏日，有湛蓝的游泳池，有适合吃雪糕和冰淇淋的温度，有云朵隐匿，蓝到透明的天空，有少年与少年最明媚的面孔和眼睛。当然，还有漫长的暑假。有足够的时间，提供给我们展开一段故事。

有那么一天，我会去写一本这样名字的小说，它叫《夏日歌颂者》。它的主角会是一个一年之中别的季节都木偶一样淡漠的少年，但是，夏日来临，他就会兴奋起来，会有笑容，会是格外特殊的笑容。就好像莎士比亚写过的："能否把你比作夏日璀璨？你却比炎夏更可爱温存。"

为什么少年只给夏日特别的礼遇？

这是一个秘密。

可是，却又是可以猜测到的秘密。

我想，这个秘密，应该是因为，有一个人可以使夏日特殊之上再增特殊。所有能够使我们动心的人，都具备这样的魔力。那么细节呢？没有细节怎么变成一本小说？细节都放在记忆里，我发出邀请。就在现在，我会想起来，连绵无尽。

　　那一年，2001年，本地的都市报报道，一家小店的门口有块大石头忽然裂开，是被极其绚烂的日光给晒裂的。可是，我把刊登了消息的报纸藏了起来，我跟某少年说，这边城市气温不高哦，是个不错的夏天，所以，请你来我这边吧！于是他就被我骗来了。等他来了以后，我又把报纸指给他看，哈哈大笑。因为那个暑假我很寂寞哦，请原谅。所以，作为片断之一，这个细节一定会出现在小说里。

　　往前一年的夏日，我在中学教室里，趴着，却无法入睡。按照学校规定的午睡时间，我不应该东张西望。可是我睡不着，我的目光炯炯，从那些入睡的同学面孔，一张跳跃到另外一张。风扇在头顶积极地旋转，我忽然发现，平时讨厌的人，在睡觉的时候，有一点点可爱。而平时很可爱的人，睡觉的时候，有一点点傻瓜。在人群之中，最后，我看见了一个人的面容，温柔像是最简单的小情歌，而且微微红着。我忍不住笑了，我终于笑了，因为，我还看见口水在他漂亮的面孔下汪洋。后来，我让他帮我抄写我写的一篇散文。我清楚记得是模仿了席慕容。他的字很漂亮，如今，他已经不知去向。同学录里有名有姓，却形同陌路。如果让他进入小说，我要我们不再陌生。

　　在这一年的夏天，我的中学流行吃冰沙，葡萄干、山楂、西瓜、红豆……比现如今的还要材料丰富。我买了一大罐子，那只罐子很大很白，是我同桌的超级大水瓶。她总是说，这样就足够喝了。我买了那么多的冰沙，我们怎么都没有吃完，最后冰沙化掉一半。我一直观察她的手腕，肉肉的，戴着一只塑料表。我们把手并列，我惊讶，手表带子会不会很撑？她就呵呵地笑，说，我是女生嘛！现在，现在她结婚了。毕业之后，我们再也没有说过话了。如果她在小说里，回到当时的问答现场，我希望，我会说，你的手圆圆的很好看。

再往前一年的夏日，我骑在树阴浓密的桑树下，目睹无数桑葚坠落。吃了许多许多，舌头变得紫红，那一年，我把这件事情写成作文，语文老师给了我有史以来拿到的最高的作文分数，85分。语文老师永远不会记得，85分有多么鼓舞我。他让我加入文学社，油印了许多本集子。后来，后来，我写了那么多那么多的故事，却再也没有那么高兴过了。因此，我希望我小说的主角，会是一个保持文艺细胞的少年。一个人如果文艺，他一定是值得做朋友的。

192

再再往前，在脑袋右侧有着辫子的女孩，看着池塘莲花之中的莲蓬，带着渴望的表情。我看着她，问，想要？她说是的。我凑过去，摘下了开得最盛大的一枝。莲子很甜，但不是自己吃，也很甜。那个女孩子也不知所踪。

再再再往前，我的十二岁的夏日，在爸爸工作的工厂度过。一直在外工作的爸爸，看起来很黑。我打碎了开水瓶，他毫不在乎，半点不批评人。我跟着爸爸，光着脚。吃了很香很香的两只翠绿的香瓜。然后我跟着他去照相了。然后，他说广场要跟麻雀开始斗争，那些中毒的麻雀千万不要拿去烤着吃。哈哈，怎么会呢！后来，满地满地的麻雀，还有斑鸠，一动一动，很僵硬。我蹲在地上看了很久，我忽然醒悟，这个世界上，错与对，取决于人的标准。

九岁的夏日，我在学校儿童合唱团排练合唱。一个大教室里还有一群人排练舞蹈，他们一对一男女间隔。有个男生的帽子一直往下掉，他一直去捡帽子。只有老师气呼呼，我们都乐坏了。舞蹈有什么好看的，还不如一直看帽子掉来掉去。

六岁的夏日，小学一年级，终于放暑假了。可是在家里一点也不好玩，我会一个人跑到学校去荡秋千。空气形成了呼呼的风，我在很高很高的位置上，害怕起来，要是这样掉下去摔死了，太可怕了。还来不及，吃很多很多的好东西。

三岁的夏日，我在妈妈身边。她上班的地方，很偏远。她的宿舍很单调，她给我买了一只金发的洋娃娃。我给这个洋娃娃泡澡，热水烫到了它。

……

终于，我无法记得1982年的6月。在1982年的初夏我来到这个世界，我的印象正如大多数人都遗忘了一样，只能够依靠大人的讲述，修缮成带着碎痕的一根糖果，就像是周星驰的电影《功夫》里的那个道具。

就这样一路走过来了，我已经过了二十四个夏天。我即将过掉第二十五个夏天。我赶在第二十五个生日之前，写完了这个文章。

我们学习成长，学习爱，学习讨厌，也学习喜欢。我们学习选择，学习回忆，也学习难过，以及学习忧伤。渐渐我们都变成了有故事的人。我们喜欢的玩具，我们喜欢的新闻报道，我们喜欢的课外爱好，我们上的培训班，我们察觉到世界的另外一面，都融入故事。那些故事不圆满。总是这样的那样的一些缺憾。一些小开心，一些小成绩。故事在我们最后也会被忘记。我们还记得，当时与喜欢的人，面对面，他或她，好比夏日璀璨，却比炎夏更可爱温存。这喜欢越过爱情或者友情。就是喜欢，只是喜欢。

即使我永远无法写完《夏日歌颂者》。

我已成为一个夏日歌颂者。

当我在跑步时

念大学时，最害怕的是体育课，两节课折腾下来大部分男生都半死不活。当年的体育课是算门类的，踢键子打拳游泳投篮跳远我都不怕，其中双肩倒立倒数第二难，也勉强及格了。最恐怖的是长跑，巨大的运动场，漫长的跑道。我跑了倒数第二名。跑到最后瘫倒在地上，那一刻真的是几乎灵魂出窍了，大脑四肢都不属于自己了。然而，十年后，我重新开始跑步了。

194

我从五百米，到一千米，再到一千五百米，二千米……最初痛得像是被一群人狂揍过。坚持下来了，半个月一个月后，我渐渐跑起来没那么吃力，没有去跑反而难受了。

一个人，换上那双越跑越旧的百事运动鞋，运动裤，随便套一件外套，沿着住宅区的主干道，跑起来。起初我心无旁骛地跑，渐渐很多事物清晰进入我的视野。

风鼓吹着我的耳朵，我跑过草坪，跑过了木桥，跑过了池塘，跑过了开车的大叔阿姨，跑过了抚摸着肚子的孕妇，跑过了蹒跚学步的小朋友，也跑过拎着菜篮的老人家，我跑过了冬天的雨雪，跑过了开春的樱花树，我跟偶遇的大白猫打了招呼，我也跟小可爱的贵宾犬目光交错……

我曾经那么痛恨跑步，而今我如此热爱跑步。

在风里，我对同一件事物，完全转变了我的心。我为什么要跑步？是因为我想瘦一点，我更想改变一点自己，不要那么宅，那么一动不动躺一天，看清晨变日暮。并且写作本身需要脑力更需要体力，尤其是写长篇小说。

然后我的友人说被我惊到了，我的样子跑变化了。他说，大概我这次，是发自内心地要做到一件事。他说得没错。人生里很多事是无法掌控的，年岁愈增，越知道生命的有限性。有限性就在那里，无法消弭，但辨明了局限性，也就找到了自己的疆域。降低妄想，坦然面对幻想，建立真实可行的理想，然后，去做就是了。

作家麦家说："我认定了一个状态：日常对于人的折磨与扶植，水滴石穿，持之以恒。人的意志正在生老病死中被消磨掉，打破这层藩篱需要付出极高的代价，这样的代价有时跨越了生命。正所谓：沉舟侧畔千帆过，病树前头万木春。我们的人生不只有当下感，还有永恒之念，为此我们必须站在生存之外思考生存。"

然而，我还是觉得，所谓永恒之念，是一种假想的存在。类似于麦兜的祖宗麦子仲肥的那只千年钟，响不响，被不被听见，全凭机缘。持永恒之念，那不过是一种价值观上的自我选择。永恒之念是不存在的。人类、人生的意义远远小于自然历史，自然史又小于短短世界存在的时间。自身、家国、人类，小小星球的灭亡，都会永恒消解意义。

我们能有的是"有限之念"。有限的生命，去做有限的努力。你自己的点滴进化，是你在这个世界上最感幸福的事。愿你我共勉，如鲁迅所说："纯洁聪明勇猛向上。"

那件了不起的小事叫用心玩

本年度出门旅行，去了一个我去过的地方。真的，我很少出游去同一个地方两次。没想到，阴差阳错计划改变我又来到鼓浪屿这个小岛了，连自己都觉得意外。

我住的那家旅馆淡季打折，带浴池的房间不到三百，坐在柜台内的店员闲扯说，有个客人本来住的四百多的房间，因为是长假前来的，后来涨价到七八百一晚上，那客人心一横，也继续住了四天。我听了忍不住哈哈大笑，这种豁出去了，老子就要好好奢侈一把玩几天的心态，太可爱了。

那些日拼夜拼努力赚钱的人儿，来了岛上，活得像个人样了，实在让我想跷起大拇指夸奖。

白昼顶着曝晒日光看猫看狗看男女老少国人老外，夜间跟友人陌生人在小酒吧闲坐。我不喝酒，我看他们喝酒掷骰子，我还看旁边另外一大桌子的女生玩勇敢游戏。这些女孩发出巨大的笑声，有个女生被她们鼓舞站出来，突然跑过来抱住了坐我旁边的一个男生。于是整个天台上的人都乐开了。

回去路上，走过熟悉的路，吹风，背着背包，我像个无声无息穿行在岛屿上的透明幽灵。不必勉强自己说话，也不用强迫自己执行什么工作计划，很爽。

故地重游，我这才醒悟，这岛屿真正吸引人的，不是什么文艺杂货铺、老建筑、海边风景、小吃、艳遇，而是一大团人，来到一个地方，像模像样热热闹闹玩几天。玩什么都好，能用心去玩，才是最了不起的事情。有了这么一个大家都在用心去玩的氛围，难免从众心理作祟，玩得更加心安理得了。没错，我们这国度有种先天教条，贬低玩乐强调劳苦，然则，生命如此稀罕绝无仅有，转瞬即逝化为尘土，你怎能连玩耍都觉得有罪？

尤其是玩乐之中，藏有真正的个人价值。年轻时候看作家倪亦舒的小说，她最喜欢写故事里的主角世间打滚，哭笑折腾，然而回忆幼年或昔日曾有过一段极欢乐的玩耍时光，也就不会那么心有不平太过酸楚了。

那段发自内心觉得快乐的时光，是属于自己的，是自己真的在活着，有了这段时光打底，此后才更好奋不顾身活下去，去爱去恨去勤勉用功，继续发展成就我们的故事。多励志啊！

反之，你看那些让自己总是活得苦累交加者，永远抱怨不完，沉沦其中无法自拔，令人避之不及，也没见作出大成就。

我们活这么一辈子，并没有太多时间真正用给自己。尽管我们有不少时间是一个人度过。

当我们单单一人却一点也不享受，觉得寂寞觉得孤独，只因为这样独自一人时，我们丢不开其实次要的事物工作，我们心里惦记着根本不属于自己的人，没能把生命赐给自己一点点。

如果这世界真有神，那爱玩的人才配神的眷顾，才有资格身心健全，做神的孩子。

最高的快乐

　　我家对面的楼栋里，有一户总在夏日传出练琴的声音。那钢琴曲，弹得像玩跳房子游戏的孩子，东一个音符，西一个小节，断断续续极不成调，旋律一会儿重复，一会儿卡壳。这几年来，很多次我在午后在黄昏，被这不流畅的练习曲吸引了注意力，在心里忍不住发出感叹：啊，弹得好差哦。

　　虽然觉得这乐声，在忙事的时候很接近噪音了，但这种乐器本身音色漂亮，只要不是暴烈地弹奏，还算可以接受。就这样，一年一年地过去，这年初夏，我突然听到了一首完整的曲子了，并且，还是巴赫的《小步舞曲》。

　　我静静地侧耳听完，听得入神。良久，才想起来，我似乎忽略了什么。

　　由始至终，没有听见教训，也没有听见责骂，更没有听见狂飙的琴键齐鸣。这意味着什么呀？这意味着，坐在那一架钢琴前的人，一直是很自由闲散地在做这件事情。

　　是在练习，但并非苦练。如果苦练，那所有邻居的耳朵有罪受了。

　　手指按在黑白色琴键上的人，是什么样的人呢？

　　是被赋予了父母希望，看看是否有音乐细胞的孩子？还是怀着一个音乐之梦的成年人，买了一家钢琴闲置在家，有空就练习一下？

无论是谁，我都觉得，这个人弹出了世界上最动听的一个版本的《小步舞曲》。因为回到了一件事情所应该有的本质。

乐曲初生，如此象征性的事物，无色无味无形，寄托了人的情感、节奏……满足最本质的宣泄需求。

有些事物被创造出来，变成了专业，变成了竞技，变成了比赛，都是让人忍不住想嘴角一撇的。如果需要依靠这项技能而食饭谋职，那必须专业，作家画家音乐家们都在劫难逃。

而在此之外，不用这样本领谋生，最好还是当成把玩和游戏算了，而且不用赶时间，慢慢来，就像所有的孩子都需要大人慢慢陪着长大。

在自然而然的时间之中，练习曲娴熟了，优美了。但那只是一个合乎顺序的结果而已，有当然挺好，没有也挺好，当事人乐在其中，也没妨碍旁人。

在我的家乡小城，某个村落，有个会剪纸的婆婆。她的剪纸，特别美。她从小看见长辈们的剪纸，花和鸟，动物，植物……于是她模仿着，兴趣盎然地，有空就琢磨。从少女时代剪起，过很多很多年，少女变成了婆婆，她的技艺出神入化。她压根没想过半个世纪后，会被到民间采风的美院教授发现，会被收入中国民间美术史的记载——被收入又有什么了不起的，要是她的技艺没出神入化，她的剪纸仍然是最好的，有最高的快乐含量。

那些诞生了就是为了我们可以自得其乐，纯属好玩的事情，有本来的意义，本有的面目。虽然现实层面看，因为各种缘故，这些事物渐渐就走形了。

我亦深知人生不容易，但至少你我要省悟到这一点，这种走形，不是天经地义无可厚非的。那些一路走着走着，忘却了本来面目的事物，有机会，你就把它们打回原形吧。

陪你吃饭 /

我是喜欢吃饭的人，但我从不挑食，因为我知道我不是在吃食物，我是在吃着自己所能够感知到的快乐与美好。

张小娴在《友情的猪油》里写道："深夜两点钟来到猪油捞饭吃夜宵，本来没什么心机，但是一边吃一边听蔡澜说笑话，忽然觉得，有朋友真好。只要挨一点苦，就有很多朋友关心你，甚至愿意熬夜陪你吃夜宵，说笑话给你听，本来怕胖，可为了感恩图报，也吃了小半碗的猪油捞饭，吃的是友情。"

我知道，我真的知道，其实你也有烦恼。在每天忙忙碌碌连一顿完整的茶饭也吃不畅快的时候，你一定很烦恼。虽然你的口里一再说着，还好，还好。

日子匆忙，虽然你说快不快乐我无所谓，但是我知道你有所谓。我们其实都是有所谓的。

所以，在我们不出任何事故，多多少少平淡但却平安的生活里，我们应该也应当吃好一顿又一顿的平安茶饭。这样，才对得起上天赐予的平静，日子施恩的快乐。

幼年读《资治通鉴》，读到李斯一辈子说的最后一句话时，有种落泪的叹惋。他在生命的最后对儿子说："我想与你再牵着黄狗，到上蔡东门外打猎，都不可能做得到了！"什么才是最快乐的事情，到最后才领悟，那是最遗憾的事情。所以，我们不要遗憾，我们要抓住就在你手边坐着的平安茶饭。

所以不论亲情友情，一切一切的真谛，是有那么多人能够陪伴着你吃饭。寂寞那样的东西，一定站在我的身边，躲得远远了。这短暂又漫长的生命，每一个小细节不抓住，也就悄悄流走。抓住的，那就是不辜负自己。

如果你在吃着一碗糊汤粉或者猪油捞饭的时候，也能够感觉到幸福与美好，那一定能最深刻理解生命真谛。为此，我不怕一胖再胖。◆

摄影／莫时迁

怎样鉴定粉丝对你的真爱? 看她或他会不会给你喂吃的。

去年我在微博呼吁发起投食喂养计划, 作为宅男, 我化身动物园的动物, 静候佳音。其实本来是个玩微博的玩笑话。没多久, 就有人来私信要地址, 我给了。过了几天, 快递就按响门铃, 那真是天籁之音啊。经过我的仔细

202

统计, 来自山西的某同学给我邮寄了十几斤肉, 来自浙江的某同学送来云片糕和糖食, 还有江苏的同学发货来奶糖抹茶和米果和外国牌子的泡面。

最后还有不知道来自我国哪里, 甘当匿名女侠客的某同学, 给我快递来一箱子的零食。花生火腿薯片千层塔诸如此类丰富无比, 我家的坏猫看见后嫉妒得都要疯了, 扑上去就要吃鱼肉香肠, 死死不松爪。于是我乐得故作大方跟金枪鱼分享。

四季交替, 这样的事情一而再, 再而三, 最后发展到了巅峰。有一次我去本市的著名商业街汉街, 在那里的文华书城参加一个现场活动。遇到一个女生, 从我写小说开始就在支持我。当她看到活的作者本体后, 当机立断说你吃饭了没, 没吃啊我去给你买包子去, 我们这附近有家肉包子又大又鲜美, 好吃得不得了, 你等我。

我阻止不了她的热情，于是十分钟后，我的面前充满了两个大肉包一块巧克力一大盒酸奶。这样的待遇，让别的做活动的嘉宾，顿时失去了风采。

　　喝着酸奶，啃着肉包，我感动得要哭了，可是想哭却哭不出来呀。因为我还要做现场活动，正儿八经跟同学们聊文学。

　　文学太宏大了，宏大到这个世界上满满的汗牛充栋的文字作品。

　　意义价值深度风格厚重博大内涵流派共鸣伟大……顿时在我心中虚化了。

　　我真不是有意要煽情，我只是觉得相比于上述那些词语，大肉包子的香味和酸奶的可口，直接作用于我的身心。

　　你们投我以食，我厚着脸皮吃了你们那么多好吃的，当然也要报之以什么才好。所以，为了对得起那些美丽可爱的食物，也得继续好好写下去。人本来就是多动机的高级生物，以前，我的心中是这样的法则：有些作品对得起稿费，有些作品对得起自己。

　　这两种动机曾经并驾齐驱，而今变成了三足鼎立，还要补充上：对得起你们的投食喂养。

　　我收到了食物背后的礼物，那是简单单纯的喜欢一个人写的东西和表达。喜欢你，所以给你吃的。就像小孩子时，要好的朋友，愿意分给你苹果或蛋糕。

　　这份心意，直抵灵魂深处。◆

有一年，我跟一群朋友去了一间寺院。大伙玩得很开心，数完罗汉，跑到中庭看禅庭古树。那棵树是银杏，我忍不住摸了摸它碧绿的扇形叶子。旁边有沙弥指给我看，小心，小心，这棵树已经有一千七百年了，别扯落了它的枝叶。我赶紧缩手，仰头用鼻子嗅了嗅气息，不再骚扰它。当时的我，心头有一种奇异的感觉。

用惯电脑和网络的本人，很多年来，都保留着当年的纸质书信往来。不过，电子邮件里的邮件，我也保存着，从2001年到今天。除了某家倒闭的网站害我损失了一部分。我用键盘写，也用纸笔写。

到今天我们重谈手工情书或写信这回事，你一定会问我，给几个理由？如果就事论事，就技术论技术，就便捷论便捷，毫无疑问谁胜利谁失败，没有悬念。唯一可以拿出来抗衡的，也不过是摸得到手感，甚至嗅得到墨水和纸的气息，以及感知时间推移当中，泛黄的历史感。然而，这些都不是根本原因，也不是根本意义。

用你的手，写你的心，各种形式都可以。

然而，你愿意去选一种年头很久的形式，就有一点点的不同了。

这就是我开头为什么要提到千年银杏的原因。

走在我所在的城市道路，以及我家所在的小区，以及植物园，以及大学学校内，能够看见很多银杏，但它们都没有超过百年，我就是觉得，数十年的银杏树，跟百年的银杏树，跟千年的银杏树，是有着存在和价值观意义的不同。所牵引出的想象空间，也不一样。

用人类坚持了一千多年的方式去做一件事，跟用最近几十年内的方式去做一件事，真的也是不同的。执笔手写是人类的千年用法，敲打键盘，鼠标移动制作电子贺卡，精心美丽，但只是几十年内的做法。

前者的心理倾向，恐怕更加靠近长久一点，这像是一个秘密的暗示，给自己的暗示。我去买顺眼的纸，我去挑顺手的笔，然后写下我想说的话。稍带几天或十几天，传达到某个地方。这样的行为在地球上，发生了千百年。

收到别人给我的电子邮件，我也感动。

可是收到古老的手写信件，我感动之外还有惊喜。我会想着，啊，这个世界上，居然还有人愿意为我重操手的千年用法，执笔写字。心头那种奇异的感觉，又一次涌现出来。我会想象，想象对方在何时何地，检阅邮戳或落款日期，或者文字内容里透露的时间季节地理信息。人类千年来重重叠叠的惯性行为里，当下一刻，你写给对方，对方写给你，独一无二，难以完全复刻。古老的格言说世界上没有完全相同的两片树叶。是的，也不会有完全相同的手写情书。

世界不断地改变，我挺喜欢改变的。但在某些方面，我更喜欢不改变的做法。人对待感情的态度，差别只在些微的地方，只在一点点的用心。就是这么一点点，形同千万沙子流转的河流里的细微黄金之沙，弥足珍贵。

我表达了我的心，用古老的做法。当成一种特定的仪式，很郑重，也祈求对方郑重对待。

　　我不是什么时候，对什么人，都轻易这样做的。我只针对特定的人，特定的事，特定的节日，特定的你。 ✦

游泳馆与美人鱼

在一个火炉闻名的城市，游泳自然是最惬意的享受。这个城市夏天最热门的运动，使得每个游泳馆都是满满的人。

那天，我特意下午一点去本城的英东游泳馆，避开每天黄昏的人多下饺子。但我完全算错了，任何时候情侣都是时间大把的有。

所以我向左，一对年轻男女纠缠在一起的大腿，跳圆舞一样扫腿，我闪；向右，不会游的情侣男被会游的情侣女，按着小公鸡一样的发型的脑袋，使劲往下压，我再闪；向前，不好意思，这对已经情不自禁激吻起来了，我怎么好打扰呢，罪过啊！我只好继续闪开；我向后，套游泳圈的某女孩，正在接受男朋友的殷勤教导，这样，这样伸手，这样摆腿……教就教吧，还要示范……示范就示范吧，还把方圆三米都变成了"练车场"。

这一刻，我终于体会到什么叫悲愤。

为了不出"交通事故"，我只好让自己沉下去。沉下去……

我不能够不夸奖一句，这家游泳馆的水够澄澈，我朋友送我的游泳眼镜足够清晰。因为我看见了一位露出水面部分严肃正经的男士，在水下，手悄悄摸进了他女友的胸衣，大有此处温柔乡，流连忘返回。

我过了十八岁，没法理直气壮大叫"少儿不宜"。我默默地浮出水面，心怀忧伤。我总不能向上吧！我要是可以在空气里游，也就眼不见为净。但目前看来，我还没有进化为鸟的迹象。

我忍无可忍，跳上来直接奔赴到隔壁的深水池里去。一点五米足够你们站着踮着脚打情骂俏，把游泳池当自家浴缸！我就不信二点二米深水，这些个鸳鸯们还可以猖狂，除非他们都是姚明。

果然，深水池这边，对比隔壁的饺子锅，海阔天空。我向前向后向左向右，那个畅快，分明就是流浪汉找回了家。最后，我潜下去，蔚蓝的水，流转着，像是柔软的水晶。我看见一个男孩悄无声息地，从我面前滑过。我纳闷了，他想做什么？

男孩的目标显然是岸边上的人。我尾随而去。爱因斯坦也说过，他没有特别的天赋，只有强烈的好奇心。我停留在五米左右。

"哗啦"，那个男孩钻出了水面，他迅速地亲了那个人的脸。然后挥手游开，大有来追我的意思。

那个女孩显然压根不会游泳，属于陪着玩水的那类。她倒是心平气和，微笑着扶着安全栏继续泡着水，自得其乐。男孩又游走了，没过半分钟，又游了回来。

反复多次。

那个女孩的视线一直追随着一个身影，眼底的温柔，覆盖了整个游泳池。她什么都不用做，对于男孩来说，穿过整个游泳池，仍然会回到她身边。

我恶毒地想，那些一直腻味在一起的情侣，天知道最后会不会修炼成正果。

　　倒是这个女孩，对"恋爱里的距离运用"，叫我敬佩。

　　她手里分明有一张温柔的无形的网。以爱之名，笼罩你，可大可小，无所遁形，所以她男友想必就是一条男美人鱼。

再也不能够被骗钱，加入几十个协会，幻想自己很快就能够琴棋书画、诗词歌赋样样精通。然后利用各种招数去欺骗小妹妹。

再也不能在图书馆泡个昏天黑地，猛然抬头时，那么多的无数故去与活着的文字，使我泪流满面。时间仿佛静止。那是我一生之中最美好的年月。

再也不能够站在自己大学的那些破烂的宿舍楼下，从下面望上面，大声叫自己最心爱的人，一遍又一遍。叫得惊天动地，吸引来无数反馈。响起一片支持。

再也不能够和对面的女生楼望来望去，搞友谊寝室和长途爱情。

再也不能够穿越食堂时，从习惯的林间路上，看着那一张张面孔，而安静地观察。在那些遍布学校的石头桌子上，看着黑而小小的蚂蚁们，在阳光的细缝下面爬来爬去，觉得读书真好。

再也不能够在所有人都午睡的时候，一个人在学校里游荡，寻找那些前辈留下的痕迹。寻找一所大学的前世和今生。常常能够发现它的新东西，比如它曾经还有游泳池。

再也不能够在外面的小饭馆，肆无忌惮地吆三喝四。将啤酒喝到瓶子粉碎。然后你被扛着或者你扛着别人，回你的小狗窝去。

再也不能够为一个年级拔河比赛紧张。

再也没有人那样热忱地和你谈论文学艺术哲学，唾沫横飞天花乱坠。

再也不能够在课桌上，不分晚上早晨地睡觉。从来都不会睡眠不足。不会被生存压迫着加班加点。

再也不能够一天二十四小时恋床十八个小时。

再也不能够辩论得眉飞色舞唾沫飞扬。四年已经过去，那些争论不休吵闹不停的话题终于都收进了旧书里，一起打包，买给门卫老头，五毛钱一公斤。再去吃上一顿。

再也不能点着蜡烛温书到天明，幸福地叫着六十分万岁。

再也不能够拿着奖学金，被宰和宰别人了。将附近的小吃吃遍了重新再来一遍。

再也不能够因为一场精彩的讲座而彻夜不眠，专家学者轮流评论，指点江山意气飞扬了。出了学校，没有人会听你那样猖狂地发言。其实你说的，原本就一般般，只有你的那所大学才能够宽容你的骄狂。出了门，谁还会注意你？

再也不能够，在你约会完了后，在所有的节日狂欢后，到十一点门卫关门后，再甜蜜蜜地叫门卫大叔大爷阿姨奶奶给你开门了。

再也不能够和一帮子人通宵看电影上网，然后，顶着两个大大的熊猫眼，一个个倒头大睡，醒来后再海阔天空地胡侃。

再也不能够闲暇了，在宿舍里，几个人纠缠成一堆，热热闹闹的疯疯癫癫的。各"色"笑话层出不穷，消遣乐悠悠。不会觉得寂寞。一包泡面一群人吃。

再也不能够在你失恋时，有人始终陪着你，开解你，毫无怨言。

再也不能够在一个人的异地城市里，过那些美好的日子，身边有人陪伴。没有女朋友也可以拉个兄弟。到如今，只能是孤单单的背影后，是一个人的可怜。

再也不能够开烛光聚会。因为你即使有心，却已经召集不到那么多的人了。

再也不能够在考试的时候无比团结。因为已经不是组织的人了。那个组织，有着伟大宽广的胸怀，有兄弟姐妹们罩着你，你感受到组织的无比温暖。

再也不能够畅所欲言地鄙视自己学校的伙食等等诸多的落后了。没有饭吃的时候去蹭兄弟的饭卡。以后你只能够自己三餐不继餐风吸露。

再也不能够在没有课程，天气晴朗的日子，比赛洗衣服晒被子和顺便晒晒自个，在听着电台里的DJ怀旧的同时，嚼着包子。

再也不能够抱着专业书，戴着校徽，伪装清纯了，到其他学校去搞社团交流。再也不能想象着在图书馆与美丽的妹妹认识。

再也不能有人，在你半夜醉酒吐得一塌糊涂时，给你收拾，给你一杯温暖的开水。在你病得厉害的时候，三更半夜送你去医院。

再也不用害怕点名了，永远不会再有人那样叫你的名字。带着阶级仇恨和爱意。

再也不能重来一次，毕业了，对多数人，就那么一次，真正彻底地结束做学生了。

再也不能够含着眼泪大笑，挥着手，一个一个地送别了。

而只能够在这里，坐着，闭着眼睛回味，然后写下怀念。✦

摄影／莫时迁

我记得2000年的圣诞节, 宿舍空荡荡, 我一个人难以忍受孤寂, 跑出学校, 在外面游荡, 卖帽子的, 卖玫瑰的, 卖手套的, 卖围巾的, 络绎不绝生意绝佳。我在一家玫瑰店无聊地看了片刻, 店主催促我快买几枝送人。你猜我买了还是没买呢?

没有人教你该怎么面对孤单。

尤其是, 在你目睹世界上有那么多人不是孤单的场景。那些街头拥吻的人, 那些握紧电话仿佛永远不舍得放下的人, 那些站在商店犹豫买什么礼物送人的人, 他们是不孤单的。

而你, 你呢?

每到特定的节假日, 就令你不自在。譬如十二月的圣诞节, 充满无限光彩, 喧嚣无比年年如此, 别人你侬我侬, 你则羡慕嫉妒恨。 也许你爱过, 但此刻孤单。也许你从来没爱过, 此刻依然孤单。

没有人教你, 也没人能教你, 因为孤单从来不是可以克服的事物。它诞生了, 发酵了, 蔓延了, 覆盖了, 像大树的阴影覆盖了树下倚靠的人。没有人阻拦你离开，但你自己停留其中。

在2010年忆旧，回忆起2000年的圣诞节，我忽然默默地微笑了。

那年我买了一支玫瑰。

也许所有的节日，都是最好的节日，也是最坏的节日。因为在月亮下面，有人相聚，就一定有人没相聚。时光凝聚又散开，我们相逢又遗忘。

那年我买的玫瑰，没有送人，带回宿舍，枯了，丢了。太可惜了。我很想沿路随机送出去，但我始终没勇气这样做。十年之后的我，会嬉皮笑脸送出去，即便不会成功寻觅到一个恋人。

喂，你明白了吗？

孤单没有变，孤单也没有被克服，可是人变了，变得柔软了。在孤单和不孤单之间，不是那么绝对对立，无立足之地。孤单在，就让它在。还是会寻找，还是会等待，就当孤单是一只小宠物，摸摸脑袋，由着它作陪。

写在世界的哪一个角落

很多年过去了，我把从前的东西翻出来清理。清理的时候，会发现许多东西。你知道，一个人如果没有空白过，就会不断碰到那些携带记忆的东西。

比如，比如那只袜子，是彼此交换的礼物。它后来再也不被穿上。

比如，比如钥匙扣。是一分为二的恋人信物，它一直挂在钥匙旁边，但是，看得熟悉了，想起那个人的时候，也只是淡淡地想起。

还有，就是那条围巾，我一直都没用。

那些礼物出现在这个世界上，居然从来没完成过自己的使命。

我握着它，像握着幼年丢失的宠物小狗。手掌可以感觉到温暖，但心却已经惘然。

还有一大串可以列出来的东西：杯子、吊兰、圆珠笔、照片、网球拍……

这些东西，在我的平常日子里隐藏起来了。

被刻意地遗忘在柜子里、抽屉里、书架里。

但我最终要陈述的，不是这些东西。而是一种符号。

一种与它们同等命运，被我遗忘与隐藏的东西。比如，你的名字。

因为我还翻出了从前的日记本。

在某一页日记本上，把一个人的名字，写了一百多遍。有横的竖的歪的倒立的。这些名字，用的蓝色墨水。这个日记本，买于1998年。

1998年我在哪里？

那些消散的记忆，从模糊的沙砾，聚集为轮廓剪影。我在中学的教室里，我看着窗户外面，而有着那个名字的人，并不在窗外。我们距离一排座位，我们闹脾气了，我们冷战。当时的心情，一定是很不高兴很不高兴的吧！可是，把一个人的名字写上那么多遍以后，应该消气了吧！

这个世界上，恋人的名字在日常被使用之外，其实，还有那么别扭又痴迷的方式用到。

刻在法国梧桐上与树同在的，写在教室墙壁上的告白，还有画在课桌上的，以及栏杆上的，如果你现在去长江边上的栏杆看，那里写满无数人的名字。据说还有人把名字文身，还有人把名字包裹在盒子里，埋在花圃里。还有人拿手指粘了水，那名字在地面上转瞬消失。或者在冬天的窗户玻璃上，透明地存在过几秒钟。

我们选择了沉默的，有点小变态的来使用那个人的名字。我们不再对着自己喜欢的那个人喊出名字。

它不再仅仅对应一个具体的人，而是成为了一种符号。

见证我们喜欢过的人，喜欢一个人的岁月，以及对这一段青春一段爱的怀念。我们的生命，因此才具备了意义。

我们断了联系，没了电话，不知道具体地址，相忘于江湖。各自走失在光阴里，时光如此穿梭，你不再重要。

重要的是，你的名字写在世界的哪一个角落。

我便在哪个角落曾经想起你。✦

149

FRENCH

9

149

AY.COM

oint

Thank you for the wonderful.

图书在版编目(CIP)数据

那么一点点美好 / 沈嘉柯著. —上海：上海人民
出版社，2012
ISBN 978-7-208-11006-9

Ⅰ. ①那… Ⅱ. ①沈… Ⅲ. ①杂文集—中国—当代
Ⅳ. ①I267.1

中国版本图书馆CIP数据核字（2012）第227762号

世纪文景出品

出品人　邵　敏
责任编辑　邵　敏　陈　蔡
封面装帧　陈春之@candyl.cn

那么一点点美好

沈嘉柯　著

世 纪 出 版 集 团
上海人民出版社出版
（200001　上海福建中路 193 号　www.ewen.cc）
世纪出版集团发行中心发行
上海景条印刷有限公司印刷
开本 890×1240　1/32　印张 7　字数 150 千
2013 年 4 月第 1 版　2013 年 4 月第 1 次印刷
ISBN 978‑7‑208‑11006‑9/I·1059
定价 25.00 元